U0523394

北京的春節

何大齐 绘著

墨尘十三岁敬题

增订本

商务印书馆
创于1897
The Commercial Press

图书在版编目(CIP)数据

北京的春节/何大齐绘著. —增订本. —北京:商务印书馆,2021
ISBN 978-7-100-20551-1

Ⅰ.①北… Ⅱ.①何… Ⅲ.①春节—风俗习惯—介绍—北京 Ⅳ.①K892.1

中国版本图书馆CIP数据核字(2021)第258565号

权利保留,侵权必究。

北京的春节
（增订本）

何大齐 绘著

商 务 印 书 馆 出 版
(北京王府井大街36号 邮政编码100710)
商 务 印 书 馆 发 行
北京雅昌艺术印刷有限公司印刷
ISBN 978-7-100-20551-1

2021年12月第1版　　开本 889×1194　1/12
2021年12月北京第1次印刷　印张 8
定价:128.00元

前言

老北京人过春节，是一年中最隆重的事情。从腊月初八到正月十五，这是高潮期；往后一直要延续到二月初二龙抬头，这是尾声阶段。前后有将近两个月的时间。

时间长，活动内容必然就十分丰富。从腊月初八喝腊八粥开始，年俗活动就接踵而至，例如祭灶、办年货、除尘垢、贴春联、挂"福"字、做年菜、祭祖神、祈福贵、放鞭炮、驱邪祟、包饺子、团圆饭、压岁钱、拜新春、逛厂甸、吃元宵、观龙灯、猜灯谜、看花会……这些不仅是老北京人的习俗，也是中华民族几千年来逐渐积累的民风民俗的集中释放和展示。

中国人一向以"忠厚传家久，诗书继世长"作为教育子孙后代的道德理念和行为规范，以及树立良好家风的原则。为了监督一家人的日常行为，鼓励鞭策家人按礼教规矩行事，就出现了在厨房这个最容易产生家庭纠纷和口舌的是非之地供奉灶王爷的习俗，用他来监管婆媳、妯娌以及全家人，让众人有敬畏之心。这也形成了全民共识，那就是灶王爷要把每个人的表现都记在心中，到腊月二十三回天庭向玉皇大帝汇报，玉皇大帝将亲自到人间视察，根据每个人的表现给予奖惩，从心理上引导人们宽容行善。所以到腊月二十三的时候，长辈都会买糖瓜和其他供品，严肃地举行叩拜烧香仪式，恭送灶王爷上天。这在现在的年轻人看来是很可笑的，但这种教化民风的仪式，在千百年来的农耕社会有着积极向善的意义。

"二十四扫房子"，腊月二十四也叫"扫尘日"，这是在过年前进行的一次彻底的大扫除。拆洗被褥衣服、清洗器皿家具、掸拂尘垢蛛网、疏通明渠暗沟……全民的卫生日，无疑是有利于全民健康的。现在政府提倡的"爱国卫生运动"，与此也是一脉相承的。此外，因为"尘"和"陈"同音，所以这项活动就有了"除旧迎新"的含义，寄予了人们把陈旧的运气、穷运、晦气统统赶出门的期望。

就像人们洗浴后要梳妆一样，扫净庭院后，自然就要装扮一下。首先要贴春联、挂"福"字，用大红纸写"福"字贴在迎门的影壁或屋内的墙上、院子里的水缸上等等。传说恶鬼怕火光，因为火光是红色的，所以红色就可以驱鬼。"福"字象征着来年的五福临门：一福是长寿；二福是富贵，有钱有地位受人尊重；三福是康宁，身心健康安泰；四福是有高尚的道德情操；五福是子孙满堂，老有所依（也有人说是善终）。这五福可以说是中华民族几千年来形成的价值观，只不过在春节欢乐的日子里，体现得更集中。同时，还要买年画贴在屋里，年画的内容都有"福、禄、寿、喜"的寓意。比如大胖小子抱一条金红色大鲤鱼，有"吉祥有余"之意；"喜鹊登梅"寓意喜讯到家；贴大红对联和挂五彩的挂钱，是为祈福纳祥、驱灾求安之意。总之，节前的一切装饰准备，无不反映人们对未来美好生活的追求，这从古至今不变的民俗，是社会进步的动力。在全民奔小康的步伐中，红红火火过大年，是对逝去一年的回顾，是继续前行的加油站。

当过节的装饰布置和各种美食佳肴都准备停当后，三十晚上祭祖的时刻就到了。平日收藏起来的先祖画像、列祖列宗的木质牌位都被供奉在案上，供品丰盛，红烛闪闪，香炉里燃烧的高香，烟影缭绕，缓缓飘散。家里人按辈分，顺序下跪磕头，气氛庄严肃穆。我们这些小孩子也按大人指点，叩头不止，直到大人拉起来才松口气，幼小的心灵也逐渐埋下了敬祖追远、孝先启后的种子。

除夕夜的团圆饭，首先是全家人都要到齐，如有因故不能回家的人，也要留个空座位，摆上碗筷，象征此人也在场。家是辛勤劳作的人的心灵港湾，这是亘古不变的。桌上的菜肴不但丰富，还都有吉祥寓意。"红烧鱼"取火红的日子、富裕的生活之意；"炖鸡"取吉祥之兆；"火锅"祈求来年的日子人丁兴旺、红红火火……望着坐在正座的祖辈、坐在旁座的父母，我们这些坐在下座的兄弟姐妹，满心着急地等待着，因为只有长辈动筷子，我们才能大快朵颐。这些日常规矩，长幼有序、尊老敬祖的道德观，在春节阖家团聚的每一次欢乐活动中，无时无刻不在浸润教育着我们。

小时候感觉欢欢喜喜过大年，让我懂了好多的事儿。现在想起来，认识到几千年来在生活中所积累下的生活习惯，最终形成比较稳定的习俗，体现在礼仪形式中，而这礼仪形式，蕴藏的都是我们民族的道德理念、价值观和民族精神。孔子说"礼养德"，意思是礼仪形式可以培养人的道德情操。

春节是红火的、热烈的，在全民欢腾的每一天，都饱含着对平安、团圆、幸福的祈求。随着时代的发展、物资的极大丰富、家务劳动的社会化、大家庭的分解等，过去的很多礼仪习俗都淡化了，新的民风民俗会逐渐形成，虽然外在形式可能不一样，但传统价值观的核心部分是不能动摇的，这是我们的根，我们的脉，我们中华民族的精神家园。我画这本《北京的春节》，也是为了达到温故知新的目的。

何大齐

目录

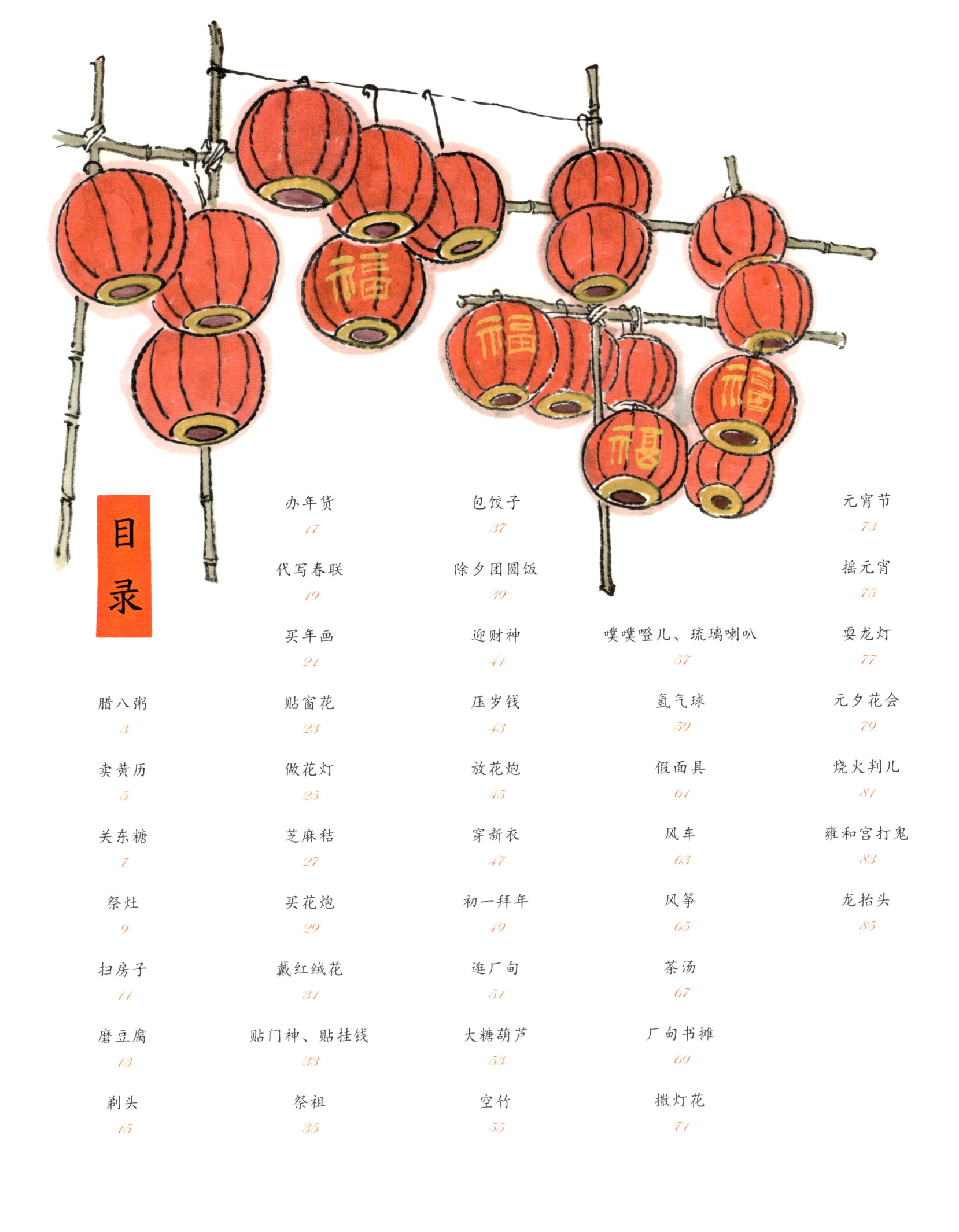

	办年货 17	包饺子 37		元宵节 73
	代写春联 19	除夕团圆饭 39		摇元宵 75
	买年画 21	迎财神 41	噗噗噔儿、琉璃喇叭 57	耍龙灯 77
腊八粥 3	贴窗花 23	压岁钱 43	氢气球 59	元夕花会 79
卖黄历 5	做花灯 25	放花炮 45	假面具 61	烧火判儿 81
关东糖 7	芝麻秸 27	穿新衣 47	风车 63	雍和宫打鬼 83
祭灶 9	买花炮 29	初一拜年 49	风筝 65	龙抬头 85
扫房子 11	戴红绒花 31	逛厂甸 51	茶汤 67	
磨豆腐 13	贴门神、贴挂钱 33	大糖葫芦 53	厂甸书摊 69	
剃头 15	祭祖 35	空竹 55	撒灯花 71	

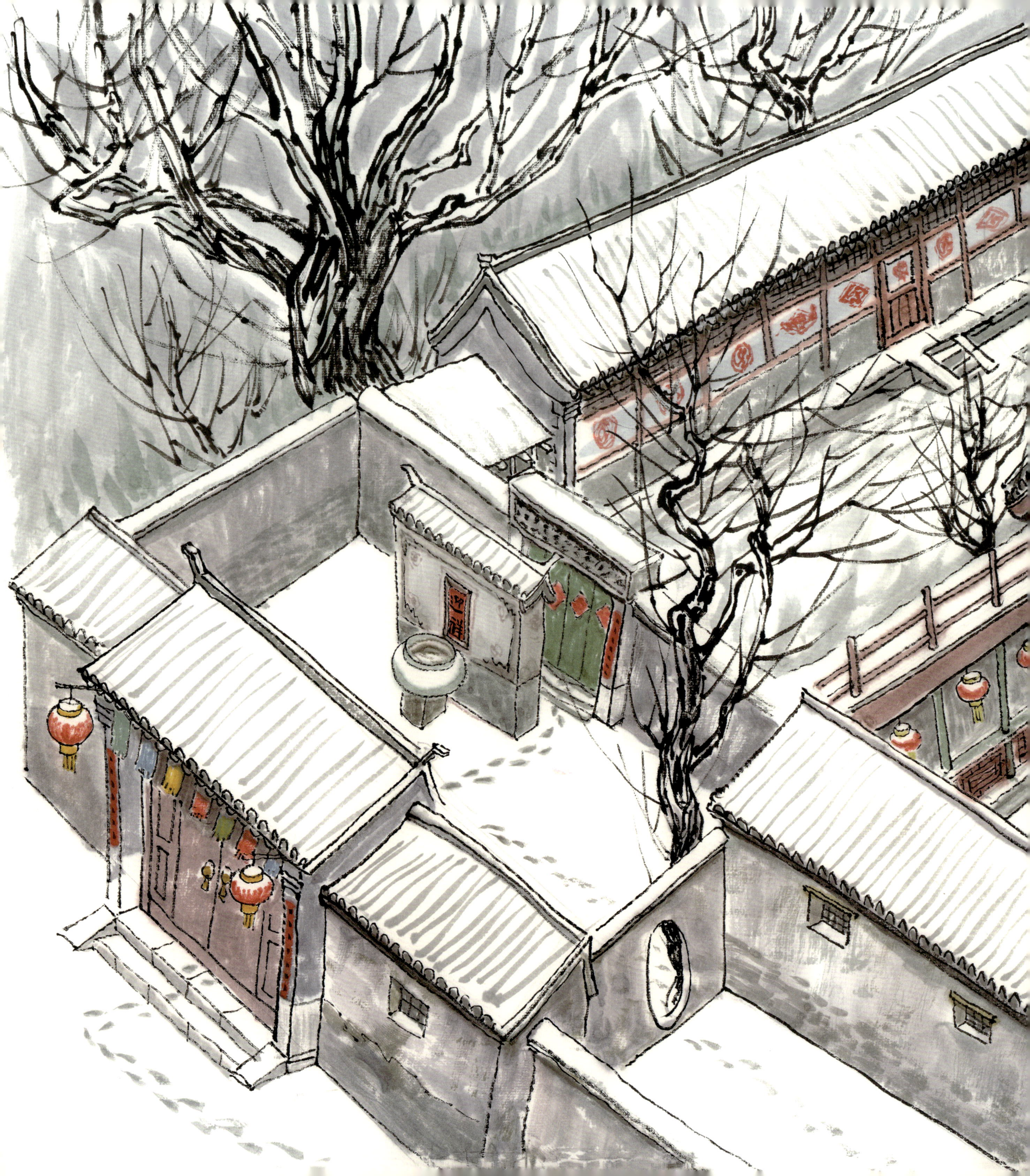

瑞雪兆丰年 老北京四合院迎春节 辛丑隆冬 云霞 何云舞

腊月初八熬锅粥 稻黍稷豆是珍馐
祭祀五谷求福报 一碗热糜庆丰收
题腊八粥图 何□舞

腊八粥

腊月初八熬锅粥，稻黍稷豆是珍馐。
祭祀五谷求福报，一碗热糜庆丰收。

农历十二月，古称腊月。这时已是数九寒天，漫长的隆冬是我国农耕社会的农闲时节，也预示着新的一年要来临了。一锅热腾腾的腊八粥，是祭祀神佛、祭祀祖先、除旧布新、迎喜接福、祈求丰收等一系列重大节日活动的开始。

腊八这天要熬一锅腊八粥，这是有悠久的历史传承的。据史料记载，在西汉时期，有"腊祭"的重大祭祀活动，是将五谷之神作为祭祀的对象。于是把五谷之长"稷"作为代表（稷是古代的粮食作物，有的说是今天的黍或谷之类），就有了"社稷"，也成为"腊祭"的主要内容。

佛教在汉朝时传入我国。相传佛祖释迦牟尼成道前受尽了艰难困苦，几乎饿死，这时出现了一位牧女，用牛奶加香谷等煮粥喂食，佛祖很快就恢复了体力，在菩提树下彻悟成道，这一天恰好是腊月初八。

因此，腊八这一天成为儒、释共庆的节日。寺庙在腊八的前几天就派众僧捧钵到处化缘，集得五谷杂粮，在腊八这一天熬成大锅粥，散发给穷苦百姓，穷苦人尊称为佛粥。直到今天，一些寺庙仍有腊八舍粥的活动，众信徒清晨前往，喝一碗佛粥，以示敬佛。

熬腊八粥，在用料上非常讲究，要用大米、糯米、黄米、小米、菱角米、大麦米、红小豆、芸豆、核桃仁、莲子、栗子、枣、青丝、红丝等。这个配料是小时候我母亲熬粥时的选料，虽然各家熬粥的选材不完全一样，但其中以米和豆类为主是一致的。十余种食材，所需要的火候是不同的，有的一煮就熟，有的则需要很长时间才能煮透，所以不能同时下锅。把食材洗干净后，分别放在器皿中，锅中放足了水，中间不得再添水，否则煮出的粥不黏稠。把费火的豆类和枣、栗子先用文火慢煮，待到八成熟，再放入大米、糯米，最后放入容易熟的小米、黄米。这时粥越来越稠，水分蒸发了一部分，大部分被食料吸收了。这时最怕巴底煳锅。记得我母亲就手攥长把勺子，不停地在锅底来回搅动。黏稠的粥，在火力的催动下，不断地向上迸发出浓热粥汁，碰到手上会烫伤，所以母亲就用蒸锅布把手裹起来。熬成一锅腊八粥，怎么也得要一两个小时。粥煮好后先要敬神祭祖，然后赠送亲友，最后全家食用。家里人按自己的口味，往粥碗里放入黑糖、白糖、青丝、红丝等配料。寒冬里喝上这么一碗浓稠滚烫的腊八粥，浑身上下都暖透了。吃剩的粥，保存起来慢慢热着吃，也是有好兆头的，预示着"年年有余"。

喝完粥，大家再一起剥大蒜，把去掉皮的洁白的蒜瓣放入一个大口瓶子中，倒入食醋，封上口放在窗台上。等到除夕晚上吃饺子时，泡的蒜已变成碧绿色，醋也有了浓厚的蒜味，正好拿饺子蘸着吃，真是醇香味美。因为蒜必须在这天泡，到过年才色味最佳，所以也称为腊八蒜。

对这一隆重的节日，历来有很多文章记载。学者夏仁虎先生的诗曾道："腊八家家煮粥多，大臣特派到雍和。圣慈亦是当今佛，进奉熬成第二锅。"

走街串巷賣黃曆一年四季有節氣
婚喪嫁娶擇吉日搬家出行避禁忌

叫賣黃曆圖
何之豪

卖黄历

走街串巷卖黄历,一年四季有节气。
婚丧嫁娶择吉日,搬家出行避禁忌。

黄历又称皇历,是我国古代根据对日月运行的观察计算制定的历法。现在全世界通用的是公历,就是俗称的阳历,它是以地球绕太阳运行的规律为依据制定的。而我国独创的历法,是以月球绕地球运转的变化规律为依据,也就是阴历。这个融汇了我们祖先大智慧的历法,除了载有日、月和二十四节气外,还包括星辰运动的位置计算,日食、月食的预报,真是老祖宗的科学观察和精准计算的结晶。

黄历不只是人们了解年、月、日、时的工具,还是古代帝王要遵守的行为规范的书籍,由皇帝钦命颁定,这自然是国家大事了,所以一直称为皇历。辛亥革命后帝制被推翻,领导者认为中国人都是轩辕黄帝的子孙,所以改称为黄历。孙中山同时提出用"两历",增加了公历,才有了阴、阳合历的印刷制品,传至今日。

黄历既管着帝王的生活,更管着普天下的老百姓,所以这黄历的作用可大了。小时候快到过年了,各家都张罗着买下一年的黄历,就和现在过年买本挂历一样。但那时买回来的黄历是厚厚一大本,基本一天一页。上面的大字写的是日子、天文气象;下面小些的字写的是当天居家过日子要遵守的禁忌,例如:宜乘船、服药、纳婿、作灶,忌搬家、动土、置产、出行,甚至精准到时间段。记得小时候家里凡要办点事儿,我奶奶都要嘱咐家人先看黄历,选个好日子。在她老人家心里,这黄历能左右一家人的行动,可能在那个年代,它就是老人心里的"定海神针"了。

每年一进入腊月,就有卖黄历的小贩到胡同里来,他们都是身背一个褡裢,里面装着线装本的黄历,一边走一边吆喝:"大本新历,月份牌啊!"也有的在菜市场周围摆个地摊卖。因为卖黄历是时令性的,只在年前这一个月,一般人家都要买一本,居家看日子,遇事择凶吉,所以他们的买卖虽小,却也很兴盛,过完年他们就改卖鲜花、窗花了。

黄历虽然规定了一家人的行为、凶吉,现在看来颇为荒谬,但也不能把它对生活的指导完全与封建迷信等同,因为它是根据日、月、星辰的互动,捕捉其中蕴藏的地球万物消长的规律,来指导人们如何顺应自然。在慢节奏的农耕社会中,这套说法是非常契合百姓择吉弃凶保平安的心态的。当然,对今天高科技、快节奏的生活而言,黄历上的限制也只是被当作笑话看了。

据记载,877年时的唐朝,就有了雕版印刷的黄历,是全世界最早的刻印历书之一,可惜现在收藏在英国伦敦大英博物馆。后来各朝各代都由官府监制历书,而且下令禁止民间私印,如被查获,将被处以斩首。足见历法的制定执行、节气对农耕的指导,有着举足轻重的作用。到了清代,乾隆皇帝为顺应社会的需求,才准许民间翻刻官印的黄历。

现在顺应世界潮流,中国也是以公历为日常历法,但在小摊上也有卖黄历的,只不过没有人再以此作为生活指导了。如果年轻人要去上班,看到上面写着"不宜出行",只能一笑,赶紧追车去了。

腊月廿三糖瓜粘 灶王爷合龙送上天
糖瓜黏住灶王嘴 召难开
保安康题卖糖瓜公图 何大齐

糖瓜關東糖

关东糖

腊月廿三糖瓜粘，灶王爷龛送上天。
糖瓜粘住灶王嘴，有口难开保安康。

关东糖（也称为灶糖）是古老的传统甜食，也是祭灶神的祭品，一年中只有腊月二十三前后，才有小贩挑担沿街叫卖。关东就是现在的东北三省，因为这大片土地位于山海关以东，故而得名。那里生产的这种特制的糖，就被称为关东糖。

这种糖是用麦芽、黄米、玉米为原料熬制的，乳白色。二寸长、一指粗、条状的一般叫关东糖，做成瓜状的叫糖瓜，其实只是外形不同而已。小贩挑担卖，都是一头是圆的糖瓜，一头是条状的关东糖。小贩在胡同里高声吆喝："大块糖哟！又酥又香的大块关东糖哎！"主妇们闻声，就会开院门买些回家，因为这是年前必购物品之一。腊月二十三，就要送灶王爷升天了，这位爷可是一家之主啊！站在神位上看了全家人一年的表现，到年底要上天汇报去了，这可不是小事儿！不但要恳求他上天言好事、下界保平安，还怕他在天上多嘴说了坏话，所以用黏黏的关东糖给他把嘴封上。这种用关东糖封灶王爷嘴的行为，是民间百姓按照自己的臆想创造的，但却成了传世的可爱习俗，所以在送灶王爷升天以前，家家都会买关东糖，摆在祭案上待用。等腊月二十三隆重的祭拜仪式后，把糖在灶口热烘，趁其熔化时在灶王爷画像嘴边抹几下，就算封住口了，真是个虔诚又引人发笑的举动。

祭灶之后，这些关东糖就成了孩子们最爱的年节食品。它的甜度比一般水果糖低，又脆又黏，还有股特殊的香味。孩子们争而食之，是过年前的一大享受。

那时，做糖的一般都是农村简陋的土作坊，设备简单，只有灶台、铁锅、大缸和案板，但是制作工序挺复杂，难度很大。

首先要由有经验的老师傅选料，首选的是麦芽、黄米，把麦芽、黄米等放在水缸里，清水淘洗数遍，将其中的米糠、杂质全部洗净，然后放在大铁锅中熬制。这道工序的关键是掌握火候，没经验的不是熬不出糖，就是不好吃。熬出的糖膏温度高达一百六十摄氏度，锅里没小白气泡了，这证明糖里没水分了，用棍子一挑，能拉一尺多长的丝。老师傅一喊"撤火"，立刻就得把糖膏舀出来，放案板上冷却，到八十摄氏度左右时，便要揉糖膏了。揉糖膏不仅是力气活儿，也是技术活儿，必须要掌握好温度，温度高了，烫手没法儿揉，温度低了，糖膏会变硬揉不动。一锅糖膏大约有五十斤，每次只能揉五斤，那真是要手疾眼快，争时间，抢速度，一气呵成。真是紧张啊！一锅糖膏都揉好后，老师傅喊"开案"，就是说要"拔糖"了。两个人对头站，各抻一个糖头，将糖膏抻到一定长度，一方将糖头往上一合，喊声"接着"，然后两人又开始抻拉，如此反复。糖膏由于进了空气，会越抻越白、越抻越细，最后要抻拔出蜂窝状，放到案板上加香料，压成一样大小的块儿，然后冷却，最后再按市场需求加工成不同形状的关东糖。真是：

灶王封口不谗言，玉帝听报心喜欢。
孩童喜吃关东糖，老少齐乐迎新年。

二十三糖瓜粘
灶王爷要升天
上天言好事
下界保平安

是祭灶图
庚寅秋月
何○馨

祭灶

二十三，糖瓜粘，灶王爷要升天。
上天言好事，下界保平安。

腊月二十三祭灶，这是迎接春节的序曲。所谓"二十三，糖瓜粘"，说的就是民间祭灶的风俗。旧时，差不多家家厨房都设有灶王爷神位，传说他是玉皇大帝封的"九天东厨司命灶王府君"。灶王龛一般设在厨房的北面或东面，中间供上灶王爷神像，有的旁边还并排坐着"灶王奶奶"，两边贴着"上天言好事，下界保平安"的对联，横批"一家之主"。这表明了灶王爷的地位，以及保佑一家老小平安的职责。

古代祭灶是在腊月二十四，从清朝开始，帝王家开始于腊月二十三举行祭天大典，为了节省开支，顺便把灶王爷也给祭了。什么事儿都是上行下效，北方地区的百姓也就提前一天在腊月二十三过小年儿，祭灶是过小年儿的重要活动。

民间有"男不拜月，女不祭灶"的习俗，因此祭灶王爷只限于男人，女人要回避。祭灶王爷，源于古人拜火的习俗，灶神的职责就是执掌灶火、管理饮食，后来发展为考察人间善恶，以降福祸。自古以来，大家庭的厨房就是是非之地，婆媳、妯娌说长论短，是人性最容易暴露出来的场所。所以玉皇大帝派灶王爷在厨房，看着这一家人的表现。

在我小的时候，家里后院住着远房亲戚，我称为"七爷"的一家。七爷说："灶王爷看着一家人一年的生活，到年终要上天，把一家人的善恶言行报告给玉皇大帝，玉皇大帝将对这家人进行奖惩。他在天上住几天，等到除夕夜，咱们再把他迎回家。"那时我也就五六岁，十分好奇灶王爷怎么上天。七爷说："二十三晚上来看祭灶仪式，你就明白了。"

好不容易盼到了祭灶的日子，七爷上午就买回了关东糖和糖瓜。到了晚上，七爷郑重地把灶王爷的画像从佛龛上取下来，供在祭案上。祭案上的供品以关东糖和糖瓜为主，此外，还为灶王爷上天的坐骑准备了一碟草料和一碗清水。上香后，七爷口中念念有词："上天言好事，好话多说，不好事儿少讲。"然后拿起关东糖，在灶口转几圈，待糖遇热熔化的时候，马上往灶王爷画像的嘴上抹几下，又白又黏的饴糖就粘在了画像上，意思就是用糖粘住了灶王爷嘴，让他上天不能说坏话。我当时心想："粘住了不能说坏话，那好话怎么说出来啊？"但看着七爷庄严虔诚的面孔和祭案上的灶王爷，没敢问，怕七爷和灶王爷不高兴。烧过香后，把灶王爷画像连同一碟草料一块儿给烧了，烟灰腾空飞起，再把凉水泼在地上，灶王爷就这样升天了。剩下的关东糖和糖瓜，随后也让我们几个孩子分食了。

到了除夕夜，七爷又买来一张新的灶王爷画像，贴在佛龛上，意味着灶王爷又给请回来了，他将继续保佑并监督一家人一年的生活。

腊月廿四除灰尘 笤帚掸子齐上阵
室内屋外一扫净 身心健康度新春

扫房子

> 腊月廿四除灰尘，笤帚掸子齐上阵。
> 室内屋外一扫净，身心健康度新春。

中国人一直有过年前扫房子的传统。每年从农历腊月二十三起到除夕，民间把这段时间称为"迎春日"，也叫"扫尘日"。这种民俗来源于古代劳动人民用打扫卫生来防止疫病的宗教祈福仪式，后来演变成在新年来临前彻底大扫除的习俗。而且"尘"与"陈"同音，所以这一习俗又有了"除陈布新"的含义，把一年的烦恼、穷困、灾病统统清扫出去，迎接新一年的顺心、福气，寄托了人们避邪除灾、迎祥纳福的美好愿望。

其实扫房子不一定非得在腊月二十四这一天，可以在除夕前选个风和日丽的好天气，等全家人都在家的时候，齐心协力，一起动手打扫。过去老北京都是住平房，密封性差，春秋季刮大风，冬天烧煤生炉子，烟尘灰土、蜘蛛网自然就多，所以这次全家老少一齐上阵，平时扫除不到的犄角旮旯，尤其是卧室、厨房、厕所，更是要一一打扫干净。

我记得小时候每到年前这天，父母、叔叔、姑姑都穿上罩衣，围上头巾，戴上口罩，拿着足有两米多长的鸡毛掸子，先把顶棚上的尘土、蜘蛛网等掸下来，这道工序是依照先上后下的顺序进行的，也是最脏、最呛鼻子的累活儿。大人们都先戴好风镜，抬头看着房顶，举着掸子，在房顶一下接一下地移动，把一年积存的污尘都掸下来，这时屋里灰尘弥漫。房间中的家具，能搬的事先都要搬到院子里，大件不好搬的就用旧报纸遮盖好。顶棚打扫完了，其他人开始用笤帚、短把掸子清理墙壁、窗户。玻璃窗先用湿毛巾擦一遍，再用干毛巾擦第二遍。纸糊的窗户，凡是又脏又旧的都撕下来，打糨子用洁白的高丽纸重新糊上。然后是擦洗家具，八仙桌、书桌、橱柜也都先湿后干擦两遍。桌子边上的雕花儿，归我们这些小孩儿承包，把毛巾一个洞、一个角地穿进去，再拉出来，原来黯淡的花瓣立刻就透亮了。最后是扫地，边边角角，一点儿不落，把地面灰土用簸箕撮出倒进院里的土箱，最后用墩布把地面擦一遍。嘿！焕然一新，真像一个灰头土脸的人洗了澡、理了发一样。屋内打扫完了，院里也得收拾！大家动手把花池子里干枯的杂草全拔下来，一是为了干净，二是防止除夕晚上放鞭炮引起火灾，最后用笤帚清扫完毕，所有垃圾全用土箱抬到大门外，倒在指定的地方，由当天清运垃圾的车收走。

男人们在院子里干这些体力活儿时，母亲就会在屋里把床单、枕巾撤下来换干净的，脏一些的棉被也会拆下里儿面儿，把这些都放在大盆里清洗。那时都是一件件用手在搓板上洗，然后使劲拧干，想起来母亲也真是够辛苦的。洗干净的衣被晾在院里拉的绳子上，由于天冷，一会儿就冻得十分坚硬，一碰就会发出"嘭嘭"的声音，要晾两三天才能干。大扫除把人累得筋疲力尽，好在一年就这一次，干干净净过大年，也图个吉祥喜庆。大家累也高兴！

腊月廿五磨豆腐豆腐谐音是都福玉皇下界察民情家家迎神衣食足

是腊月廿五磨豆腐 庚子秋何士舞

磨豆腐

腊月廿五磨豆腐，豆腐谐音是都福。
玉皇下界察民情，家家迎神衣食足。

民间谚语有"二十五，磨豆腐"之说，豆腐谐音是"都福"。我小时候听奶奶说，腊月二十三灶王爷上天，向玉皇大帝汇报人间之事。玉皇大帝听说灶王爷被世人所贿赂，可能说了许多假话，蒙骗了自己，于是在腊月二十五这一天，要亲自到人间察访一遭。世上的凡人呢，知道玉皇大帝要来察访，就家家磨豆腐，把磨好的豆腐藏起来，磨剩的豆腐渣盛在碗里当饭吃。玉皇大帝一看，人间竟如此清苦贫穷，只能用豆腐渣充饥，于是大发悲悯之心，马上降福人间。二十三送灶王爷上天，二十五迎玉皇大帝视察，这美好的传说和习俗，近两千年来，为华夏大地第一盛典——春节，增添了许多乐趣和百吃不厌的美味。

豆腐洁白如玉，不仅好吃还好看，过年穿上新衣，吃着白嫩的豆腐，就是再穷苦的人家也能从中体会到欢乐。有人根据这两样东西的颜色，称之为"锦衣玉食"。在生活水平低下的年代，也是营造自我满足的理由吧！

中国人最喜欢从谐音中找到心理安慰，汉字中，同音字又特别多，所以人们就发挥了想象力。豆腐不就是"都福"吗？"都福"就是大家都有福，所以过年这样吉祥喜庆的日子，除夕家宴中不能缺少了豆腐，炖肉要加炸豆腐泡儿，火锅里要加冻豆腐，就是拌个凉菜也要讲究用小葱拌豆腐，图的是一清二白。这豆腐就因其名字的谐音招人喜欢，成了过年时的香饽饽了。

其实在北京城里，很少有自己在家磨豆腐的。因为既没有这套石磨设备，更没有现在电动的食用粉碎机，而且加工起来又费力又费时，所以人们都是从专门做豆腐的豆腐坊买现成的。那里各种豆制品都有，有老豆腐、嫩豆腐、炸豆腐泡儿、炸三角、豆腐干、豆腐丝……

到了数九寒天，把豆腐块浇上水，放在露天冻成冰坨子，这就成了冻豆腐。我记得小时候，家里买的豆腐如果吃不完，在冬天就放在铁饭盒里，加上水放在窗外，一夜就成了冻豆腐。母亲会加上些海米、粉丝熬白菜，冬天热乎乎的一锅，真是太好吃了！

据传，豆腐是西汉时期淮南王刘安发明制作出来的。刘安喜欢道教，一直想寻找长生不老的仙药，他出重金招纳各地方术之士，在八公山上谈仙论道，著书炼丹。他用山中的清泉水磨制豆汁，又用豆汁培育丹苗，不料仙丹没有炼成，豆汁和石膏起了化学反应，形成了鲜嫩的豆腐小颗粒，有人尝了一口，没想到美味极了。后来又经过反复试验，终于将其凝固成形，起名"菽乳"，后来又改名叫"豆腐"。无意之中，刘安成为发明制作豆腐的老祖宗。

豆腐很快就流传开来，在唐朝时传到了日本，现在已经传到了全世界。先民的智慧和神话传说，使豆腐成了人们过年祈福的一道佳肴，为欢乐的民族节日增添了许多趣味。

腊月除旧迎新春剃头挑子最辛勤
容貌光鲜辞旧岁来年诸事皆顺心

剃头挑子图
己亥冬月 何之玃

剃头

腊月除旧迎新春,剃头挑子最辛勤。
容貌光鲜辞旧岁,来年诸事皆顺心。

中国古代是没有剃头这一行业的。据说孔子在教导学生曾子时说:"身体发肤,受之父母,不敢毁伤,孝之始也。"意思是说皮肤、头发虽然长在你的身上,但你无权改变或去掉,否则就是大不孝。所以古人只能整理头发,例如梳头,在头顶上盘个卷儿,用簪子一插,就齐活儿了,古人称之为"椎髻"。到了汉朝才出现以梳整头发为职业的工匠。

后来满人入关建立了清王朝,为了统治汉人,要求男子一律按照满人的习俗剃掉前额部分的头发,向后梳成一条大辫子。这当然遭到汉人的反抗。清朝统治者为了镇压汉人的反抗,提出"留发不留头,留头不留发"的严令,为此杀了不少汉人。可以说从清朝开始才有了剃头这一行业。

最初给人剃头的都是清朝士兵,剃头不收费,因为是在执行政治任务,后来这一行为就演变成了一种行业。干这一行的人大部分来自距京城不远的天津宝坻,他们是耍手艺的,成本低,都是单干,也就没必要租个有门脸的店铺,只是挑个挑子走街串巷。老北京的剃头匠从来没有吆喝的,都是手里拿个响器,名叫"唤头"。这个东西形状像个大镊子,由两根柳叶形的铁条组成,后边焊接在一起,前面是两个尖头,用时左手拿"唤头",右手攥一根大铁条,把铁条插到"大镊子"中间,用力一挑,就发出"当啷"一声,随着铁镊子尖端不断颤动,碰撞声由大变小,嗡嗡之声余音袅袅,能传出很远。人们听到这声音,就知道剃头挑子来了。到了年前,邻居们会互相招呼:"要剃头的赶紧着吧!"这是因为老年间有个不成文的说法:正月里剃头不吉利,尤其是有舅舅的人。所以腊月里是剃头师傅最忙的一段时间,虽然辛苦,但他们的收入也是平时的许多倍,那真是累并快乐着。

有句歇后语"剃头挑子一头热",正说出了剃头挑子的特点。剃头的家伙什儿有剃刀、围布、梳子、镜子、磨刀布、凳子、脸盆、炉子等,这些东西全在挑子中。挑子前面是一条上窄下宽的红漆长条凳,凳子下面有三个抽屉,最上一个是钱匣,所以会上锁,收了钱直接从凳子面上的小长口放入。下面两个抽屉放围布、梳子、剃刀、镜子等。挑子的后面是一个圆笼形的物件,里面放一个炭火盆,圆笼上面放一个大铜脸盆,盆的边沿儿特别宽大,里面的水总能在炭火的烘烤下保持温暖。剃头刮脸都得用热水啊!所以剃头挑子确实是一头热。圆笼下面是三条腿儿,其中一条腿儿向上延伸成旗杆,杆子上挂磨刀布和毛巾,"唤头"不用时也挂在上面。

顾客坐在凳子上,围一块白布,防止掉下的头发落入衣服里。先用热水把胡须闷软,打上肥皂水,开始刮胡子刮脸,时不时地在磨刀布上钢几下剃刀。刮脸是把脸上的汗毛都刮掉,最后再剃头。剃完再用热水洗头,毛巾擦干,最后递过镜子,让你看看是否满意。

民国时期,西洋发式传入中国,时髦的年轻人纷纷改变发型,分头、背头、平头、女性电烫发,样式繁多,理发馆也逐渐增多,剃光头这种男人的唯一发式自然就冷落了。随着人们审美意识的提高和对卫生条件的重视,这行最终不可避免地渐渐消失了,如今想看剃头挑子和"唤头",也只有去博物馆了。

鸡鸭鱼肉与猪头，集市采购情意稠，阖家团聚除夕夜，一年辛苦慰酬。

赶置年货 何之舟

办年货

鸡鸭鱼肉与猪头，集市采购兴意稠。
阖家团聚除夕夜，一年辛苦尽慰酬。

老北京人过年之前要做很多准备工作。儿歌里唱得好："小孩小孩你别馋，过了腊八就是年。腊八粥，喝几天，哩哩啦啦二十三。二十三，糖瓜粘；二十四，扫房子；二十五，做豆腐；二十六，炖白肉；二十七，宰公鸡；二十八，把面发；二十九，蒸馒头；三十晚上熬一宿，大年初一扭一扭。"从中可以看到，除了二十四扫房子搞卫生以外，全是准备过年吃的东西。

那时的老北京，一般人家生活还是很清苦的，物质贫乏，平时能吃一顿炸酱面就是美食大餐了。正如老舍先生的话剧《茶馆》中王掌柜所说："要有炸酱面的话，我还能吃三大碗呢……"现在的年轻人真不能理解这炸酱面有什么好吃的，那时主要因为百姓都穷啊！但是，每到农历腊月，人们就会把一年省吃俭用攒下来的一点儿积蓄，拿出来奢侈一下，把年夜饭尽可能准备得丰盛一些，让全家人高高兴兴地过个团圆年，这已经成了百姓的生活习惯，成了民俗。

过了腊月二十三，各种年货就陆续上市了，尤其是食品，大量涌进商店和摊铺，市面上空前繁荣。鸡鸭鱼肉蔬菜，尤其北京人平时爱吃的猪头、猪下水等备受欢迎，去晚了或许就买不着了。我记得小时候大人在这时除了买家禽，还会买些山鸡、野兔，这些都是冬闲时郊外农民打猎所获。买回来要自己开膛、拔毛，收拾起来很费事，但为了吃个新鲜，为年夜饭添些珍馐，人们即使辛苦也乐此不疲。年夜饭有两样不可少：一是要有一条大鲤鱼或鲢鱼，为的是取个"连年有余"的吉利，盼望来年日子好过一些；二是要有"四喜丸子"，所谓"四喜丸子"，是把猪肉肥瘦搭配剁成肉馅，加上各种作料搅拌，用双手团成大个儿丸子，先炸，然后和猪肉一起炖或蒸，上桌时大碗里摆四个，取"福、禄、寿、喜"之意。另外要蒸很多发面馒头，"发"字象征"发财"，所以蒸发面馒头不仅为了食用，也为了图吉利。饭菜要多做，因为从初一到初五有很多禁忌，比如不能用生米做饭，因为一做饭必有蒸、炒，这正与"争吵"谐音，怕新年家中不和谐，所以要做够五天全家的饭食。那时冬天很冷，住的都是平房，饭食放门口大缸里或放窗台上，那是天然大冰箱。

年前还要买水果、年糕、上供用的蜜供、拜年用的点心匣子，还有除夕熬夜吃的零食，主要是"杂拌儿"。"杂拌儿"分粗细两种，细杂拌儿就是什锦果脯，粗杂拌儿由花生粘、核桃粘、杂色糖、豌豆、葵花子、倭瓜子、榛子、金糕条等十余种掺和在一起出售，很受孩子们欢迎。这一切都要在除夕前备齐，不然初一闭市，就没地方买东西了。

爆竹聲聲
迎新年
家家戶戶
貼春聯、
喜慶富貴
吉不盡
對聯攤上
寫吉言

趕對聯攤
何之舟

代写春联

爆竹声声迎新年，家家户户贴春联。
喜庆富贵书不尽，对联摊上写吉言。

老北京人过春节，家家户户都要在门两侧的门框上用大红纸贴上对联，这种对联又称春联或红对子。我小时候住在西四牌楼，邮局门口有一位平日代写书信的老人，因为那时文盲多，而且传递信息的方式只有书信，所以他的生意还是很不错的。尤其是到了腊月，他带上笔墨纸砚，现场给人写春联，摊位周围总是热热闹闹，人流不断，写完晾干后交付，总是能挣一点儿润笔费。

春联上写的当然都是喜庆话儿。我从小就喜欢围着他看，大红的纸，黑黑的字，刚劲挺拔的楷书，朗朗上口的词句，一看他写完挂起，顿觉得喜气洋洋，感到新的一年要到了，心里就充满了期待、向往、喜悦，他也算是我终身热爱书法的启蒙老师之一吧。记得老先生常写的是"天增岁月人增寿，春满乾坤福满门"，横批"人寿年丰"。这副对联应时应景，贴哪儿都能添吉利、增喜庆，写完后念给求字人听，没有不喜欢的，都是满口称谢，有的还多给润笔费。除了写对子，老先生也写大小福字，随主家意愿，全是红红火火的吉祥话儿，所以他的摊位生意也是红红火火。

说起来，春联的起源有很多，其中之一是桃符的故事。古书《山海经》记载，在一个鬼的世界里有座山，山上的大桃树梢上有只金鸡，每当天亮它就长鸣，众鬼闻声要赶回鬼域。鬼域大门就在桃树旁边，守门的神仙分别叫神荼、郁垒。如果哪个鬼在外面干了坏事，二仙就立刻将其捉住捆起来，送去喂老虎，所以天下恶鬼都怕这二位神仙。于是老百姓就取桃木刻上神荼、郁垒的形象挂在家门两边，以驱邪除恶，此物就是桃符。时至宋代，人们开始在桃木板上写对联，因为桃木是红色的，我们祖先也信奉红色吉利，所以渐渐改用更易得到的红纸来写了。

对联是诗、词、曲、赋之外的一种中国传统文学样式。它是有要求的，首先上下句要字数相等、词性相同，讲究"虚对虚，实对实"。通俗地说就是上下联相对应，必须是动词对动词，名词对名词。上下句内容相关或相对，更严格的还要求音序必须"仄起平收"，就是上联最后一个字是仄声，下联最后一个字是平声，这是汉语独有的一种修辞手法。

代写春联的人必须有一定的古诗文基础，否则就无法按客户要求编写出形式和内容都很优秀的春联，甚至会闹笑话。而且他的书法技艺也要出色，起码要把字写得端正美观。所以摆摊儿替人写对子的人，都是有一定文化修养的人，大多是年老无业的文人，或是失业赋闲在家的知识分子。

老北京城的春节，就好像是超大型的书法艺术展，文盲虽多，但不妨碍篆、隶、楷、行、草各种字体的登场亮相。商场店铺、官舍民宅门口两侧都有鲜亮、喜庆、文字美、意境美的对联相伴。而且有一些十分精彩的对联，一直为大众津津乐道，起着很好的滋润心灵、教化民众的作用。写春联，也成为中华传统文化的组成部分。

年画要买杨柳青
吉祥图案喜鹊鸣
市场火红人拥动
装点居室祈康宁

趁卖年画图 何大齐

买年画

年画要买杨柳青，吉祥图案喜鹊鸣。市场火红人攒动，装点居室祈康宁。

老北京一进入农历腊月，过年的气氛就日甚一日，首先是街上热闹起来了。卖年货的陆陆续续设摊搭棚，人们也都走出家门，开始为准备过年而忙碌采购。其中，专卖年画的摊位特别引人关注，因为除了色彩鲜艳、画面有趣的年画，还有大红纸上写的福字和春联。为了吸引人，有的摊商还在摊位上架起横杆，挂上大红灯笼，春节的喜庆气氛更加浓烈。

我小时候就喜欢围着年画摊儿看热闹。那时的年画大都是木版年画，就是把图形刻在木板上，用手工印到纸上，再由画工用流水作业的方法一道道工序染上各种颜色。当时北京卖的年画大都产自天津的杨柳青或山东的潍坊。这种年画的题材一般都与年节喜庆和谐的气氛有关，例如有吉祥寓意的"福""禄""寿""喜"；或者如《鲤鱼跳龙门》，画两条大鲤鱼翻腾蹦跳跃上龙门的图形，画面以红色和金色为主，红色的鲤鱼，闪着金光的鱼鳞，鲜艳夺目，这是借"鱼"与"余"谐音，含"吉庆有余"之意。《喜鹊登梅图》则是画两只喜鹊站在梅花树上，一高一低张嘴大叫，说是"喜鹊叫喳喳，喜讯来到家"，寓意新的一年会有喜事进门。再有画上一个大聚宝盆，盆里装满了金元宝，旁边还有一棵摇钱树，树叶都变成了金币，"哗哗"地往下落，象征着新年招财进宝，等等。各种各样的年画鲜明地反映了人们追求富裕安康生活的美好愿望。

除上述之外，还有一类年画是以戏曲故事为内容，大都取材于人们耳熟能详的一些戏剧情节，如《龙凤呈祥》《贵妃醉酒》《大登殿》等，都是吉祥、欢乐、成功、团聚的内容，以此来突出喜庆和团圆的春节主题。这些画不是对剧目真实场面的客观再现，而是画家借题发挥，突出剧中人物的扮相、表情和身段，色彩更加装饰化，更加艳丽。此外另有一类是取材于古典名著中的人物，如《水浒传》《三国演义》中的英雄豪杰，身着盔甲，手持兵器，英姿勃发，寄托了人们崇拜劫富济贫的英雄和忠君爱国义士的情结。当然也少不了有驱邪镇妖的，像门神画，大都画的是秦叔宝和尉迟恭的形象，人们希望就像歌剧《白毛女》中喜儿贴门神时的唱词那样，"门神门神扛大刀，大鬼小鬼进不来"。

年画的画幅有大有小，可根据各人的需要来选择。彼时画摊儿除卖年画外，还兼卖大福字和对联。有文人专在摊位上用大红纸现场书写，供人挑选，同时也卖像剪纸一样的挂钱。这种剪纸多为古钱形状，"挂钱"由此而得名，人们把它贴在大门的上方作为新年的点缀，寓意招财进宝。挂钱上头贴在门楣上，下头悬空随风飘动，好像向门里招财的样子。这种挂钱现在在农村还能看得见，而在高楼林立的城市里已基本绝迹了。

巧手剪成百物生大红宣纸贴窗檯十二生宵配蝙蝠喜鹊登梅家業興

起贴窗花 何□舞

贴窗花

巧手剪成百物生，大红宣纸贴窗棂。
十二生肖配蝙蝠，喜鹊登梅家业兴。

贴窗花是我国传统的节日习俗，新春佳节，我们国家的很多地区都喜欢在窗户上贴各种各样的窗花。而在北方地区，这一习俗尤其盛行。

我小时候住在老北京城内胡同中的一座四合院里，平房的格局、门窗也十分适合贴窗花，不管是糊纸的窗户还是镶玻璃的窗户，过年前，都会贴上大红窗花。寒冬腊月，白雪皑皑，一进院门，扑入眼帘的就是各屋窗户上鲜红、精巧的图案，那叫一个喜庆。

一进入腊月，春节的欢快气氛就一天比一天浓烈。到了腊月二十四，家家开始扫房子、办年货、备年画、买剪纸……心灵手巧的老奶奶小媳妇儿，还会自己剪窗花。一方面美化了环境，渲染了过年气氛，另一方面也寄托着辞旧迎新、接福纳祥的愿望。

红色在人们的心中是吉祥的颜色，象征着红红火火的好日子，所以人们都用大红纸来剪窗花。窗花的题材是极其广泛的，如戏曲人物、历史传说、花鸟鱼虫、山水风景、吉祥图案等，可谓无所不有。但是我见得最多的还是花卉动物、喜庆吉祥的纹样，常见的纹样以"吉祥如意""丰年大吉""五谷丰登""人畜兴旺""连年有余""贵花祥鸟"为主，比如大胖小子抱着条大鲤鱼、寿星老儿手捧金元宝，或是用牡丹、梅花与福字组成的图案，还有两条鱼共衔一枚硬币、十二生肖图案等。

窗花以圆形或菱形居多，圆形以镂空不遮光为好，尤其是贴在玻璃窗上，从里往外或从外往里看都很漂亮。

如果自己制作窗花，用小刀刻或用剪刀剪都可以，以后者为主。我奶奶心灵手巧，家里各屋贴的窗花都出自她老人家手中。我特别喜欢看她剪窗花。她会选一张大小合适的红纸，反复对折，然后在折好的纸上画上几笔图案，开始沿着线剪，只见红纸在她手上左转右翻，轻盈灵动，几下就行了，打开一看，哇，就是一张美丽的窗花了！这样剪的图形大都是对称的、抽象的。剪纸运用图案形式美的手法，采用对称、均齐、平衡、组合、四方连续的处理方式，形象夸张、优美、简洁，富有节奏感。看着一张张精美图样从奶奶手里流出来，我觉得老太太甚至可称为艺术大师了。那时若是谁家的奶奶会剪窗花，街坊邻居都会来求几张，这时老奶奶可忙了，但也特别高兴。

年前从腊月二十四扫房子开始，家里就要彻底装饰一新，这时也就开始在窗户上贴窗花了，最迟也要在大年三十贴好。此时是一年的末尾，张贴窗花是营造气氛的一部分。

虽然说窗花是贴在窗户上的，但我小时候不论在家里或是到亲戚家，看到的是墙上、房门上，甚至门楣上都有贴的，真可谓抬头见喜。自己不会剪但是也希望更换新颖花样的，可以到年货摊上买。还有串胡同叫卖窗花的小贩，可以叫到家里，任你挑选。正可谓："家家窗花迎祥瑞，户户彩剪盼吉祥。"

除夕之夜，竭尽所能，竹骨扎成，外披红纱，孩子提灯，迎新春，早早越过，过越火红，趁花灯摊

何　齐

做花灯

除夕之夜烛光明，竹骨扎成外披红。
孩子提灯迎新春，日子越过越火红。

灯笼是我们祖先发明的照明工具，制灯工匠把竹子劈成细长竹批儿，用火烘烤，弯成圆形骨架，外面糊上绢纸，里面点上蜡烛，顶部再拴上线绳和木棍，就可以用手提着，走夜路照明用了。

灯笼最初是因实用而制作，但随着时代发展，灯笼渐渐更多地带有了美化装饰和象征的意味。豪门大户人家，大门上悬挂大红灯笼，下面垂着金黄色流苏，很是气派，大红灯笼在这里成了权势和财富的象征。

老北京城逢年过节有挂红灯迎新年的习俗。每到腊月，街市上卖灯笼的店铺和摊商就多了起来，到处红灯高挂。那时不论穷富，家家门口都会挂红灯，小孩子则提着红灯到处逛，营造出一派过年的喜庆气氛，北京城也就有了浓郁的年味儿。除了红灯，能工巧匠们还陆陆续续创制出一些带有娱乐性的灯笼，例如用竹批儿扎制成各种造型：红金鱼、绿蝈蝈、带花的桃儿……用油纸糊在竹架子上，再画上图案，加上提梁。这些奇异的造型更受儿童喜爱。

在我小时候，一到过年，父亲就会买很多种类的动物灯笼，我们这些孩子点上灯，一起在前后院儿游走，哪儿黑专往哪儿去，黑暗里一片光亮，实在太好玩了。奶奶常笑呵呵地看着我们说："黑地儿里就是真藏着小鬼儿，也让你们举着灯笼给驱走了！"此外，还有一种叫"走马灯"的，它是个六边形的筒子，上面装一个伞形的风轮，灯下面点燃的蜡烛热气向上流动，风轮就转了起来，带动装在竖杆上的各种戏曲人物，比如《西游记》里的唐僧、孙悟空、猪八戒、沙和尚，全都动起来，绕着蜡烛转，把影子投在外层的白油纸上，十分神奇，看走马灯也成了我们欢度除夕的一大乐事。

在中国，过年挂灯笼的历史有两千多年了。东汉时汉明帝刘庄提倡佛教，命皇宫和寺庙里点灯敬佛，也让士族庶民都点灯笼。此后，从宫廷到民间，从中原到全国，这种源于敬佛的礼仪逐渐有了民间照明的功用，也成了一种为盛大节日增喜庆的习俗。

从古至今，春节挂灯笼的习俗没有间断过，而且随着经济的发展和人们生活的富足更加发扬光大。现在，灯笼里面的蜡烛早已换成各种彩色灯泡，大到城市中心的标志塔，小到孩子掌中之物，做得更加炫酷、华丽、精致。灯笼最初的照明功能当然早就消失了，娱乐观赏作用成为主流。从大年三十到正月十五元宵节，无论城市乡村，家家户户、大街小巷都挂上了鲜艳夺目的大红灯笼，为红红火火的民间盛典增添喜庆祥和的节日气氛。

松木枝
末芝麻
秸除夕
黄昏撒
古阶任
人踩碎
咚吱
响平
安岁
过岁
节

芝麻秸

松木枝来芝麻秸,除夕黄昏撒台阶。
任人踩碎咯吱响,平安岁岁过春节。

农民每年把芝麻子播入土中,它们很快就发芽长高了。一朵朵的芝麻花自下而上先后开放,芝麻秸(就是芝麻秆儿)也随着一节节变粗长大,所以有"芝麻开花节节高"的谚语。待花凋落,芝麻角自下而上长成,变成橙黄色。农民收割后,打成捆,拉回家去摊开晒晾,等干透了再摔打,让芝麻粒都脱落出来,存放起芝麻秸,待腊月就能担进城卖钱了,也是补贴家用的收入。

因为有"芝麻开花节节高"的谚语,所以人们赋予了芝麻秸美好的寓意,除夕夜踩芝麻秸,也成了百姓人家祈求来年生活幸福的一种仪式。

老北京民俗中,过年要有"三岁",即守岁、压岁、踩岁。芝麻秸就是踩岁的必用物品。农民在寒冬腊月把秋天晒干的芝麻秸打成捆,挑进城,担子两边各一个大筐,一般卖芝麻秸的都兼卖松树枝,所以一筐装的是芝麻秸,另一筐装的是松树枝。松树枝也是过年用的,挂在居室门外,寓意往后的日子像松树一样青翠、长久,有奔头。小贩们走街串胡同,高声吆喝:"买芝麻秸来哟!"因为马上要过年了,这也是求吉祥的仪式必用品,所以主妇都会多少买些,钱不多,求个喜庆。

小时候每到除夕晚上,奶奶会先把提前买回的芝麻秸分成小捆,每捆粘上黄纸,卷成元宝形,名叫"聚宝盆",然后让孩子们把芝麻秸从住房门口一直铺到大门口。吃过晚饭,孩子们拿到压岁钱后,纷纷到屋外踩芝麻秸,发出一片"噼噼啪啪"的声音。奶奶很高兴地看着我们这些孩子,说这叫"踩岁",祈求在新的一年里,全家的日子像芝麻开花一样节节高升,越来越好。另外,因为"碎"与"祟"谐音,把地上的芝麻秸踩碎,就是踩掉了一切"邪祟",达到幸福安康的目的。还有的人家把芝麻秸挂在自家外面的大门上。奶奶告诉我,那是另外一层意思,叫作"忌门",意思是这一家从大年初一到初五,不接待女客,如果有不懂的人,到这家来,就会吃"闭门羹"。

踩岁这一习俗,在城里已经消失六十多年了,成了老人口中的传说,在农村有些地方还保留着,这是历史发展的必然结果。自从20世纪50年代的农业合作化运动以来,农民不可能把芝麻秸这类农产品拿到城里出卖,芝麻秸没有了,自然踩岁的物质条件就没有了。改革开放以后,虽然允许农民到城市卖农产品了,但是随着城市的发展改造,大片平房被拆除,人们逐渐住进了楼房,没有了四合院,踩岁的环境也就没有了。另外,随着科学技术的发展,人们的物质文化生活水平飞速提升,踩岁求吉祥自然也被人们认为过时了,所以现在过春节,只有守岁、压岁的习俗还在城市里保留着,而踩岁则非常罕见。

爆竹烟花設攤棚節日氣氛樂昇平
除夕夜半燃鞭炮火光燦爛照蒼穹

趕賣花炮攤
何大齊

买花炮

爆竹烟花设摊棚，节日气氛乐升平。
除夕夜半燃鞭炮，火光灿烂照苍穹。

老北京一过了腊月初八，过年的气氛是日甚一日，主要是卖年货的摊商越来越多了。当时北京最热闹的街市主要是东四牌楼、西单、西四牌楼、前门大街、鼓楼前的后门大街等。在这些地方，马路两边特别热闹，不但小贩多，一些店铺也出来摆摊儿，他们主要以卖食品为主，也有写春联的、卖红灯的、卖年画的，但是卖鞭炮的摊子最吸引人，因为鞭炮只在春节前上市，平时见不到。那时有首童谣唱道："新年来到，瓜果祭灶，姑娘爱花，小子爱炮，老头要顶新毡帽，老太太要件新棉袄。"

花炮摊前总是围着一些男孩子，由大人陪着来买花炮。这些摊位色彩鲜艳夺目，货物的红色外包装上印着金黄色的喜庆图案和商标，品种琳琅满目，以爆竹类为主。所谓爆竹，就是听响儿的。比较受欢迎的首先是单响的"麻雷子"，因为爆炸残物的纸圈外缠裹着麻而得名，由于它外表体形短粗，那时形容人长得矮胖，便戏称其为"麻雷子"。此种炮响声震耳，威力巨大。由单响儿又发展出双响儿，叫"二踢脚"，第一响打入高空，在高空中炸开第二响，声音大而有火光，最为精彩。"二踢脚"形体大，直径约有四厘米，长有十几厘米，外包红纸，十个一捆，放在摊位上，高耸挺拔。爆竹中销量大的还有"小鞭儿"，单个儿细小，成百上千头编在一起，四五米长，一点着芯捻儿，响声连成一片，噼里啪啦响个不停，像发射机关枪一样。伴随着清脆的响声和燃烧时的火光，孩子们围着拍手跳啊叫啊，那叫一个高兴。还有一种男孩子喜欢的爆竹叫"炮打灯"，形体短粗，点燃芯捻儿，"砰"的一声炸响，一道火光冲天，在高空中绽放出红绿黄色的灯火。这类花炮都是带响儿的。

第二类不带响儿的叫"花"，只为看焰火。外表筒形，糊着红色电光纸，点燃后喷出很大的火花，高达两米多，晚上放花，能照亮整个院子，十分壮观喜庆。我买过一种，是用胶泥制成的，铜钟形，有的是瓜果形，中间填入火药，上面留一个小圆口儿，用一纸片粘贴住，燃放时把纸片揭开，用香头儿对着圆孔点燃，火花喷出由小而大，呈伞形，要持续五六分钟，又由大而小，最后剩一个小火苗，要很久才熄灭。这种叫"大钟花"。除夕团圆饭后，全家人聚到院中，在漆黑的夜晚看着嗞嗞作响、璀璨夺目的焰火，除夕的欢乐也达到高潮。还有一种常见的叫"起花"，这是在爆竹上捆一根苇子秆儿，一米多长，点燃后尾部喷出火花，形成向上的推力，向高空飞射数十米高，在夜空中划出一道亮光，就像一个小型火箭。

第三类是"盒子"，因外形像礼盒而得名。它属于大型的花炮，一般直径有四十厘米，高二十厘米，有三四层。放盒子时，要把它吊在木架或树杈上，离地面三米多，点燃后一层一层往下掉落，一层一个画面一个图案。因为制作工艺复杂，技术要求高，所以价钱也贵，我记得小时候家里只放过一次盒子。

花炮是季节性商品，只在春节期间卖，也就一个多月，所以没有专门经营花炮的店铺，都是临时搭摊儿。有些卖茶叶的、卖小百货的、卖干货的都在门前支个摊儿卖花炮。但因为花炮是易燃易爆危险品，所以20世纪50年代初，凡卖花炮的都被要求搬到永定门外沙子口集中卖了。

吉祥圖樣紅絨花
姑娘媳婦頭上插
過年祥和添喜氣
五福臨門到我家

題紅絨花圖 何□舞

戴红绒花

> 吉祥图样红绒花,姑娘媳妇头上插。过年祥和添喜气,五福临门到我家。

我记得小时候,家里人或亲戚中凡是女性,不论老少,头上都戴着红绒花。尤其是过春节的时候,必从庙会或集市上买回大大小小、各种图形的红绒花。有时候胡同里会来小贩,他们挑着担子,两头筐里是大纸盒子,装满从花市趸来的绒花,边走边大声吆喝:"卖绢花、纸花、红绒花咧!"听到喊声,院儿里的姑娘媳妇就会出来,围着担子比画挑选、试戴购买。也有的大宅门把小贩叫到家里,任凭家中的老少女人们挑选自己心仪的,打总付钱。这些头上插着一两朵红绒花的女人们,照照镜子,互相看看,胡同里走走,心里美滋滋的,春节的欢乐气氛也从她们头上艳丽的红绒花上流溢而出。

春节戴绒花,可有讲究了,那不是随便戴的。红绒花种类很多,有大小之分,有不同的图案。就说造型吧,有像花朵开放的,有像小动物模样儿的,当然更多的是聚宝盆形状的,因为这符合人们祈求吉祥如意、福至家和的内心愿望。像姑姑婶子这种年轻妇女,多戴聚宝盆式样的。我小时候听大人说:"宝盆里都是值钱的东西,如果你把钱放进去,就能源源不断地往外拿,永远取之不尽。"人们都知道这只是个神话,但对生活不富裕的人来说,这是内心的向往,有向往就有努力的方向,就有打拼的动力,所以聚宝盆成了最受欢迎的绒花。小姑娘一般只戴小朵的花卉图案,有牡丹花、桃花、菊花等,取其美丽、娇媚、生机勃勃之意。老奶奶们一般戴大朵石榴花,因为石榴多籽,象征长寿和子孙满堂。

动物形状的绒花有很多,譬如金鱼形状,象征年年有余,往后的日子越来越红火。仙鹤形状,取其鹤寿千年、祈盼硬朗长寿之意。也有十二生肖造型的,本命年的女性会选自己属相的动物,以求此年顺顺当当,头上红扑扑的花朵,心里美滋滋的祝愿,看着生活就有奔头儿。还有蝙蝠,此动物虽然长得不好看,但它和"福"谐音。我记得那时看到家人给奶奶祝寿时,就买一个大的五福捧寿的灯罩,挂在堂屋的正中央。一开灯,只见五只蝙蝠的图案,中间围着一个大红寿字,满屋红光,喜气洋洋,奶奶好不高兴。

那时有句俗话说,"头上有抹红,才能叫过年",指的就是女人头上的红绒花,花钱不多,却让佳节添彩、人长精神。

绒花的谐音是"荣华",春节期间在北方正是寒冬季节,自然没有南方的鲜花争艳,所以红绒线做成的花,应景应时,在唐朝武则天时已被列为皇室贡品,明末清初流入民间。在中国民俗的三大节日(春节、端午节、中秋节)中,以及嫁娶喜事,女子都是要佩戴红花的。但是男子也有戴花的时候,那是在科举时代,考上了状元、榜眼、探花的,也都要按惯例簪花,就是用簪子把绒花别在帽子上,于是"簪花"就成了科考高中的代名词。老百姓为了祝福男孩儿将来有成就,往往过年时在小男孩儿的帽子上插上红绒花,所以绒花又有"状元花"的美称。那真是:"称体衣裁一色红,头鬟插花颤绫绒。从头焕新迎吉兆,祈福荣华年味浓。"

除夕之夜貼門神紅燈掛鐵喜臨門對聯寄托祈福意裝點嘉節號長春 是貼門神

積善人家慶有餘
向陽門第春長在
萬象更新

贴门神、贴挂钱

除夕之夜贴门神，红灯挂钱喜临门。
对联寄托祈福意，装点嘉节号长春。

门神是农历新年人们贴在门上的守护神画像，用来驱邪避鬼降吉祥，是中国民间深入人心的神灵。按传统习俗，每到春节前夕，家家户户便会忙着贴春联、门神、挂钱，祈求来年幸福安康。

相传最早在周代就已经有了"祀门"的活动，那时人们崇信的门神叫作"神荼"和"郁垒"，用桃木雕刻立在门上，后来因为雕刻人形太麻烦，改为把门神的名字写在桃木板上，是为"桃符"。宋代诗人王安石《元日》诗云："爆竹声中一岁除，春风送暖入屠苏。千门万户瞳瞳日，总把新桃换旧符。"写的就是这种民俗活动。

今天左敬德右叔宝这种门神样式的普及是元代之后的事了。尉迟敬德和秦叔宝是唐朝的开国功臣，武艺超群，位列"凌烟阁二十四功臣"，在民间口碑甚佳。传说唐太宗李世民在"玄武门之变"中杀了自己的亲兄弟，被鬼魂所扰不能安睡，秦琼便自告奋勇和尉迟敬德一起为主公夜里守门，唐太宗果然从此可以安然入眠。他心疼两位爱将，就让人画了他们的形象贴在门上，担当守夜的任务，后为民间所效仿，贴二人画像于门上以驱邪避鬼祟。雕版印刷的门神色彩绚丽、虎虎生威，除了辟邪还能点缀节日的气氛，增添吉庆色彩，贴门神这一风俗能够延续千年，说明个中自有其深入民心的内在生命力。

挂钱是指贴在门楣、房檐上的一种传统剪纸，也有人称其为"挂签""吊钱"等。这种剪纸的外形多为古钱形状，"挂钱"因此得名。人们把它贴在大门上方作为新年的点缀，借以招财进宝。挂钱的图案种类极其丰富，除了直接以铜钱作为纹样，还有玉皇大帝、麒麟送子、连年有余、吉庆丰收等，也有剪字的，以"福""喜"为多。旧时挂钱的贴法是上缘贴在门楣上，下缘悬空随风飘动。挂钱和春联、门神交相辉映，让人真切感受到一种辞旧迎新的节日氛围。

除夕之夜
供桌前
慎終追遠
敬祖先
香煙繚繞
獻祭品
後輩
子嗣
跪拜年

題除夕祭祖圖
辛丑夏月
何之舞

祭祖

除夕之夜供桌前，慎终追远敬祖先。香烟缭绕献祭品，后辈子嗣跪拜年。

春节祭祖，是最隆重、最有仪式感的活动。

记得我小的时候，到了大年三十，过年的气氛已经十分浓烈了，胡同里的鞭炮声此起彼伏，厨房里阵阵飘出年菜的香味，孩子们前蹿后跳地欢闹……

傍晚时，家中的长辈开始布置晚上祭祖的供桌。他们抬出一个长约一米五、宽约三十厘米的木匣子，先从匣子里取出太祖的两幅画像，奶奶说这叫"影"，是对祖先遗像的尊称。这两幅像都装裱成轴，悬挂在正北的墙壁上。画上是老太爷和老太奶奶，老太爷身着官服，老太奶奶身着官眷女服，十分雍容华贵。画像下面是摆好的长条案，把木匣中依次取出的木质牌位按辈分高低，从中间向两边排列摆放。这些木质的牌位，每块高约二十厘米，宽约六厘米，分内外两层，插在一起。上面用端正的小楷写着"显考某某之位""显妣某某之位"。下面有一个木插座，长方形，有四厘米高，插好之后，看上去就像墓地上立的石碑一样。在条案前摆上一个八仙桌，铺上桌布，最靠前的位置放一个铜质的香炉，里面盛有灰白色的香灰，祭拜完了把香插在里面，让它继续燃烧。香炉左右是锡制的蜡台，上面插着鲜红的蜡烛。用高脚的盘子盛上各种干鲜果品，左右成对，依次摆放。这时母亲会把刚出锅的大馒头，在正中心点上一个红圆点儿，叠摆起来，也是高高的，左右各放一盘。在供桌前的地上，放一个蒲团，是为祭祀时跪拜用的。一切准备停当，就等晚上团圆饭前，全家聚齐，举行祭祖仪式。

到了晚上，先把刚做熟的鸡鸭鱼肉和刚出锅的饺子摆上供桌，这时供桌已是满满当当没有空隙了，用这满桌的丰盛来表达对祖先的孝敬之心。此时，全家人都到齐了，站在供桌的两侧，点亮红蜡烛，把打开包的成品香也都点着，每人三支。屋子里瞬间烟雾缭绕，香味扑鼻，一派庄严肃穆的气氛。我们这些孙子辈的孩子大气儿不敢出，看着长辈，一位一位地轮流上香跪拜。他们趴在蒲团上，深深地埋下头，再抬起头，双手合十，看一眼牌位，如此反复三次，方才站起，把手中的香插到香炉里，然后恭敬侍立旁边。以辈分和年龄为序，长者先幼者后，依次对祖先行大礼。我们这些小孩子在大人的指教下，也跪叩不止，直到大人拉起来，才松口气。听说早年间祭祖要三跪九叩，就是叩三个头，站起身来，再跪下去，叩三个头，如此反复三次，这才是隆重的祭祖礼节。后来简化了，到我小时候已经是一跪三叩了。全家人都祭拜后，父亲会对着影像牌位说些给祖宗拜年了、求祖宗保佑后人安康等吉祥话。仪式举行完了，供桌上摆放的祭品中刚做的鸡鸭鱼肉就端到年夜饭桌上，全家人和祖宗共同享用，其他干鲜果品，要一直摆到初五。"影"和牌位用完后收回木匣子里，待来年再请出。

这种祭祖仪式，无言地教导了我们这些孩子，在我们心里种下了孝先启后的种子。

孔子说"礼养德"，看似烦琐的祭祖仪式是中国礼仪的典型代表，有良好的社会教化功能，使我们懂得感恩追始、饮水思源。而恪守伦理，也成为我们一生的做人准则。

爆竹声声雪飘飞
皮薄馅厚香扑鼻
银白元宝添财气
阖家团聚度除夕
是除夕包饺子图
何之舞

包饺子

爆竹声声雪飘飞,皮薄馅厚香扑鼻。
银白元宝添财气,阖家团聚度除夕。

我记得小时候听歌剧《白毛女》,其中有几句唱词流传极广:"卖豆腐攒下了几个钱,爹爹称回来二斤面,带回家来包饺子,欢欢喜喜过个年……"可见过年除夕包饺子,吃一顿团圆饭,在中国人心中的分量有多大。像杨白劳这样在外躲债的贫苦农民,就是冒再大风险,也要在三十晚上回家包饺子过年。

我记得小时候到了除夕这天,在外地工作的家人,多远都要赶回来,一大家子,大人孩子十来口,好不热闹。晚上,全家围坐在一起边包饺子边谈笑的场面十分温馨。奶奶拌馅、妈妈揉面、姑姑擀皮儿,全家动手。这时把几个洗干净的铜钱儿,分别包在饺子中,一个个外形像元宝的白色饺子,一排排码放在高粱细秆编的盖帘儿上,我们小孩子兴奋地负责端着码满饺子的盖帘儿往厨房送,感到自己为晚上的团圆饭也出力了。饺子是丰盛年夜饭的主角,等喝酒、吃菜、全家热热闹闹海聊之后,厨房大灶上炉火烧旺,大铁锅里的水沸腾起来,妈妈端起放饺子的盖帘儿,往锅里一倒,饺子像一群小鸭子跳进水中一样,发出"噗噗"的声音,等水开过三次之后,全都漂在上面,一个个又白又胖,鼓鼓的肚子,这时用笊篱捞出装盘,热气腾腾端上餐桌,大家都下筷子品尝。就是肚子已经被酒菜填满了,这饺子多少也是必吃的,如果吃到带铜钱儿的,马上吐出在手心得意地让大家看,这是吉兆,明年要发财进宝了,全家人纷纷祝贺。窗外雪花飘飞,鞭炮齐鸣,夜空划过道道闪光,屋内院外,一片火红祥和。

民间有"好吃不过饺子,舒服不过倒着"的俗语。吃饺子在我国约有两千年历史了,早在汉朝就有关于饺子的记载,我在电视里看到汉墓中出土的饺子照片,和我们现在的饺子形状一样。

到了明朝,春节吃饺子已经成为全民习俗了。明代宫廷有记载:"正月初一日,五更起……吃水点心(饺子),或暗包银钱一二于内,得之者以卜一岁之吉,是日亦互相拜祝,名曰贺新年也。"

到了清代,要在年三十晚上包好饺子,等到半夜子时吃。这时正是农历正月初一的开始,吃饺子取"更岁交子"之意。"子"为"子时"(二十三时到次日一时),"交"与"饺"谐音,有"喜庆团圆"和"喜迎新春"的寓意。清代史料记载:"每年初一,无论贫富贵贱,皆以白面做饺食之,谓之煮饽饽,举国皆然,无不同也。富贵之家,暗以金银小锞藏之饽饽内,以卜顺利,家人食得者,则终岁大吉。"

过年除夕吃饺子,是深入民心的习俗,民间说:"大寒小寒,吃饺子过年。"这是任何山珍海味都无法替代的。但我国幅员辽阔,各地风俗习惯不一样,吃饺子的方式、时间也不尽相同,有的地方是在大年初一吃饺子,北京地区大都是年夜饭必备。总之,吃饺子是我们中华民族辞旧迎新系列仪式中重要的一项。对崇尚亲情的中国人来说,团圆、平安,祈求来年生活蒸蒸日上的愿望,尽在饺子中了。

闔家團圓

除夕
雞鴨魚肉擺上席
餃子出鍋
騰熱氣
火樹銀花冲天起
趕除夕團圓飯

何念黨

除夕团圆饭

阖家团圆在除夕，鸡鸭鱼肉摆上席。
饺子出锅腾热气，火树银花冲天起。

在我童年的记忆里，最难忘的就是过年。从腊月初八到二月二龙抬头的一个多月时间里，每个时段都有相应的庆贺活动，除去各种各样的祭祀、祈福仪式之外，大多以吃、喝、玩、乐为活动主题。而除夕的年夜饭，可以说是春节的重头戏。

这顿年夜饭被称为"团圆饭"。老北京过去多是大家庭，祖孙三代在一起生活，甚至还有四世同堂，像老舍小说《四世同堂》所描写的一样，一个大家族，十几口人住在一个四合院里，同吃同住，长幼尊卑的礼数也多。

一到年三十，家族成员都要赶回来，阖家团聚一堂，高高兴兴地吃上一顿除夕团圆饭，代表过了一个圆满的年。如果有个别成员在外，确实赶不回来，也要在饭桌上给留个座位，摆上碗筷，当作此人在场。

团圆饭是一年中最丰盛、最讲究的，每道菜都有寓意，例如，餐桌上必有一条红烧鲤鱼，因为"鱼"和"余"谐音，预示着"年年有余"；四喜丸子是在一个盆里盛着四个大大的红烧猪肉丸子，象征着"福、禄、寿、喜"四大喜事；一大碗红烧五花肉，肥瘦相间，色美味香，寓意来年的日子红红火火；用砂锅清炖一只整鸡，热气腾腾端上桌，"鸡"与"吉"同音，象征"吉庆"之意；烧羊肉是把大块的羊肉用小火炖熟，捞出来风干去掉水汽，再用香油下锅炸焦，装盘撒上椒盐，真是太好吃了！为什么要用羊肉呢？因"羊"古与"祥"通用，有吉祥的意思。摆在餐桌中央的是一个八宝火锅，里面的食材有荤有素，以熟料为主，炭火烧得汤水滚开，寓意今后的日子过得热烈欢腾。素菜必有芥末墩儿，这是下酒开胃的凉菜，北方冬季当家菜就是大白菜、萝卜，所以选上好的白菜心，圆圆的一截儿，浇上金黄色的芥末汁，倒上米醋、香油，可解油腻，颜色形状像金元宝，吃起来图个吉利。还有一碟"心里美"萝卜丝，用醋糖一拌，鲜红水灵，酸甜可口，吃起来嘎嘣脆，也是祈求来年日子有声有色，事事顺心。

年夜饭的主食是饺子，取"新旧交替、更岁交子"的意思。饺子的形状又很像一个个小元宝，也寓意着新年发财，元宝滚滚来。这一大桌子团圆饭，每样都有说道，里面满满都是人们对美好生活的期待啊。

我记得那时候快过年，母亲提前好多天就忙里忙外采买、烧制，到了除夕下午，全家都会动手参与做年夜饭，洗菜、和面、切肉、剁馅儿，真是欢声笑语，喜气洋洋。包饺子时，总是奶奶亲手和馅儿，因为饺子好吃与否，全在馅儿上。包的时候全家上阵，围着八仙桌一边说笑，一边干活儿，我们这些孩子也兴奋地跑出跑进，把包好的饺子一趟一趟往厨房里运送。

待晚上餐桌饭菜摆好，按长幼就座，奶奶要坐在坐北朝南的正座，其次是父母、叔叔、姑姑，最后是我们这些孩子。吃饭也是奶奶先动筷子，然后大家开始吃喝，家庭的规矩是必遵的。

饭后，我们打着灯笼在院里放鞭炮，要熬到初一凌晨长辈给我们发了压岁钱，直到实在熬不住了，这才上床休息，在不绝于耳的鞭炮声里沉入梦乡。

贫家小儿来叩门 除夕之夜送财神 吉祥如意迎富贵 盼望新年捧金盆

题送财神图 何×

迎财神

贫家小儿来叩门,除夕之夜送财神。
吉祥如意迎富贵,盼望新年捧金盆。

财神爷在中国是主管人间财源的神灵,一直受到老百姓的尊崇和供奉,其中寄托了人们企盼安居乐业、生活富足、大吉大利的美好心愿。

说起来,财神爷的来历很复杂,而且不止一位。首先,中国自古供奉的财神按东、西、南、北、中五个方位各有一个,也就是说要供奉的是五个财神,这也是财神爷的画像不一样的原因之一。其次,财神又分为文财神和武财神,像范蠡、管仲就是文财神,关羽、赵公明就是武财神,自然相貌穿戴也各异。

文财神以范蠡为例,他帮助越王勾践灭吴国后,不要功名利禄,请辞回乡务农。他庄稼种得好,后来又去经商,因为博学多才,头脑灵活,做商人也非常成功。范蠡发财后施舍周济贫苦大众,做尽善事,后来生意人皆供奉他,尊之为文财神。一般的平民、商户供奉他,都是希望招财进宝,求身安富贵。

武财神以关羽为例,他忠诚义气、坚贞不渝的品德家喻户晓。尊他为武财神,是因为他不为金钱财宝所动,疾恶如仇,与世间贪财忘义之人不共戴天,所以一些名门富户都供奉他。

在除夕夜,有一项重要的民俗活动——迎财神。吃罢年夜饭,家里的大人都彻夜不眠,等着接财神。说是财神爷,其实就是一张原始木版画,是用手工一张一张印制的财神像。画面中间为线描人物,两旁写着"添丁进财""祈求平安"等吉祥话。送财神的是一些贫家子弟或小商贩,他们用低价趸来这些纸制品,走大街串胡同,挨家叩门,在寒冷的除夕之夜赚些钱。他们高声呼叫:"送财神爷来喽!"有钱人家当然立马掏钱迎财神进门,这不能说"买",得说"请",表示恭敬,挑选与自己门户相配的、心仪的画像,希望富上加富,来年财源滚滚,有时还要多给小贩些零钱,图个吉利。穷人家也盼着迎财神进门,花几个小钱儿,托个盼头儿,希望财神真能降福,来年能有些改善。所以这一晚上送财神的生意不断,最多可送出去十几张。钱不多,不过是买希望、求富贵、图吉祥。

到了初二要送财神。把除夕夜接到的财神像供奉在祭案上,全家边行跪拜大礼,边诵祝词:"香红灯明,尊神驾临,体察苦难,赐福百姓。穷魔远离,财运亨通,日积月累,金满门庭。"祭案上摆上各种水果、糕点,点上香烛,全家老小依次行礼,最后燃放鞭炮,把财神像焚化,烟灰飘飘升天。午餐必食猪肉、青韭、菠菜馅儿的馄饨,美其名曰"元宝汤"。这个夜晚就在这求福、祈财、盼神佑、图红火的美好愿景中度过了。当然,仪式的时间很短,接下来过年的重要活动,如回娘家、逛厂甸,都还等着进行呢!

春滿乾坤福滿門　天增歲月人增壽

福

大年初一拜新春 家中尊長喜在心
晚輩齊來行大禮 紅包壓歲寄情深
壓歲錢 何之舟

压岁钱

大年初一拜新春,家中尊长喜在心。
晚辈齐来行大礼,红包压岁寄情深。

我小时候,最盼望的事儿就是过年。因为有很多平日里吃不到的零食、丰盛的饭菜、见不到的玩具,还可以穿新衣戴新帽,高兴的事儿太多了。尤其是长辈和亲朋好友,在拜年时都会给孩子压岁钱,逛厂甸庙会时可以自己想买什么买什么,兜里有了钱,可以自己当家做主一回了。

我家是个大家庭,奶奶、叔叔、姑姑、父亲、母亲,还有我们这一大帮孩子都生活在一起。初一第一件事是先拜年,去客厅给已就座的长辈们磕头。因为爷爷已去世,奶奶是一家之主,我穿着母亲做的新衣服,对着奶奶双膝下跪,口中还要说:"奶奶新春大吉!"奶奶慈祥地笑着说:"起来吧!"顺手递过一个早已准备好的红包。然后依次给父母、姑姑、叔叔磕头,大人们都满面带笑,孩子们磕完头,必有压岁钱。老少喜气洋洋,全家其乐融融。

初二开始走亲戚,先到外婆家拜年。外婆家那时在哈德门外打磨厂住,比我们家人还多。外公、外婆、姨、舅、各门亲戚,得有几十口人。磕头那是必须的,不过也不白磕,袋里塞满一个个红包,听到的都是长辈们的祝福和鼓励。外婆就爱说:"好好念书,长大了有出息,做大事!"那时年纪小,听了只是诺诺应承,并不把这些话放在心上,只想着兜里的钱可以买什么玩具、什么零食。现在想起来,那都是长辈的关爱啊!

说起压岁钱的历史,那可长了。在汉代就有记载,传说有一种叫"祟"的恶鬼,每年三十晚上趁小孩儿睡熟之时,就悄悄地从门缝中侵入房中,跑到床边儿伸出惨白的手,摸小孩儿的头,孩子被吓得大哭,因此得病高烧不退,以致痴傻。父母为了保护孩子,就开着灯坐床边儿"守祟",据说这就是三十晚上"守岁"的由来。后来在嘉兴府,有户老来得子的夫妻,用红纸包了八枚铜钱交给孩子玩儿,没想到深夜出来的"祟"看到红纸和铜钱,吓得扭头逃窜,无影无踪了。这件事很快就传开了,人们都效仿着用红纸包钱给孩子,来镇压邪祟,因"祟"与"岁"同音,慢慢就演变成"压岁钱"了,成为中国传统的习俗。这压岁钱不仅有辟邪驱妖的寓意,更多的是长辈对下一代的关怀爱护,祈求下一代健康平安的美好愿望。清代有首诗名为《压岁钱》,诗中这样写道:"百十钱穿彩线长,分来再枕自收藏。商量爆竹谈箫价,添得娇儿一夜忙。"一幅大人孩子阖家欢乐、守岁嬉戏的情景跃然纸上。

在给压岁钱这件事上,后来又添了很多讲究。例如数字要有吉祥寓意,如果给六十六元,取"六六大顺"之意;如果给八十八元,就取"发发"之意;改为纸币后,长辈喜欢到银行兑换票面号码相连的新钞给孩子,"祝愿孩子连连好运"。所有这些,都是长辈对后代的殷殷寄托,是年文化的一种形式。人小的时候可能只知道有人给红包好玩儿,但成人后回想,正是这点点滴滴的礼仪,形成了中华文明源远流长、血脉不断、继世传家、绵延生息的传统,给春节的盛典增添了欢乐。一晃七十年过去了,轮到我给孙子、孙女压岁钱了,那红包里,也是我的祝福和期望。

過新年放鞭炮

放花炮

> 爆竹声声响彻天,垂髫小儿乐开颜。手持鞭炮忙燃点,仍从旧历过新年。

春节放花炮的习俗,至今有两千多年的历史了。相传古代每逢腊月三十除夕夜,就会有一个叫"年"的恶鬼出来伤人,后来人们发现"年"怕红色怕火光,于是就想出了个办法对付它。在火药发明之前,人们用火烧竹筒,使之爆裂,产生光和声吓退"年",后来有了火药和纸张,就用纸张卷成圆筒,装上火药,点燃爆炸,声音和火光可比烧竹筒强多了。但这毕竟是传说,所以防"年"的意识逐渐淡出,放花炮演变成为除夕制造喜庆的一种娱乐方式。

进入腊月二十三以后,爆竹声连绵不断,尤其到除夕之夜,更是整夜"噼噼啪啪"地响个不停。北京上空爆竹声震耳欲聋,天空火光纷飞,男女老少都在院里看放花炮,耀眼的火花照亮了每个人的笑脸。

我小时候,每当快过年的时候,家中的长辈们就忙着置办年货,除了鸡鸭鱼肉蛋菜,绝少不了的是买一大堆花炮。听响儿的是大个头的二踢脚、麻雷子,小个儿的有小鞭儿、钢鞭儿。看火花的有炮打灯儿、起花、太平花、大钟花,还有一种叫"耗子屎"的小型滋花。这是一种两头尖尖、中间弯弯的小圆圈形花炮,因为外形像老鼠屎而得名。把小尖头掰掉,用香头儿点燃,就滋出火花,迅速旋转,因为小,所以不会有什么危险,这是小孩子们最爱玩的。大人们放二踢脚时用左手大拇指和食指捏着,右手拿香点药捻儿,点着后只听"砰"的一声,二踢脚直蹿云天,在高空爆炸,随着一声巨响,一片闪光之后,就是"嘎嘎嘎"的回响传向四面八方。这个威力很大,小孩儿可不敢这样放,都是把二踢脚放在平坦的砖地上,拿一根长长的香,蹲下来小心地点药捻儿,一点着,转身就跑,唯恐崩到自己。放小鞭儿时,要把一整挂鞭炮先解开拆散,用手拿着小鞭儿的尾部,用香点药捻儿,向高空一扔,在半空中,"啪"的一声脆响。有时没有炸开,掉在地上,我就捡起来,把它从中间撅断,露出里面的黑色火药,再用香一点,"嗞"的一声喷出一道火光,这叫"放滋花"。

整挂小鞭有五百头的、一千头的、两千头的,燃放时要吊挂在树杈子上,点着药捻儿后,"噼噼啪啪"响很长时间。之后地上会残留下许多碎纸屑,其中总有十个八个没爆破的,我都捡起来,放了滋花。

除了放炮,放花也是少不了的。比如起花,放的时候要用手拿着,火药筒底部插着一根长长的苇子秆,起平衡作用。一点药捻儿,一道火光冲天而起,把暗蓝色的夜空划出一道金线,好看极了,这就是一个小型的火箭啊。

摔炮是专为小孩儿制作的,外形是一个小纸包,一点五厘米见方,里面填入火药和沙粒,往地上一摔,小沙粒互相撞击,引燃火药爆炸,在地上啪啪作响。因为此物不小心受到挤压或掉落在地上,都会引起意外伤害事故,所以后来不再生产了。

除夕夜晚最欢乐的事儿是全家聚在一起观赏放太平花。这个花可大了,二十厘米高,十厘米直径,上面有一个药捻儿,点燃后喷出金黄色的火花,足有两三米高,形成一把大伞状,全家人围观,拍手喝彩。这样的场景直到现在还历历在目。

老北京有句俗话说"姑娘爱花,小子爱炮",我就是那爱花炮的小子。

大年初一
换新衣
吉祥红色最相宜
辞旧迎新盼福到
出门拜年心欢喜

迎新年换新衣
何之卿

穿新衣

> 大年初一换新衣,吉祥红色最相宜。
> 辞旧迎新盼福到,出门拜年心欢喜。

小的时候,特别盼着过年。新年到来,家里家外到处都是欢乐喜庆的气氛,有隆重的祭祖仪式,有丰盛的年夜饭,有拜年时亲友团聚的愉悦热闹,有长辈给的压岁钱,还可以逛厂甸庙会,买到各种各样的玩具——风筝、空竹、风车等,还能放鞭炮,看花灯。总之,那真是由着性子玩啊,吃啊,是一年中最快乐的时光。

此外还有一个重头戏:可以穿一身新衣服。

旧时的北京人们生活水平是很低的,穿衣服都是"新三年,旧三年,缝缝补补又三年"。孩子本来就好动,登梯爬高儿,所以衣服都是补丁摞补丁,要想穿整洁漂亮的新衣服,只有等到过年了,由此可知这件事在孩子心中有多重要。

过年穿新衣服,也是我国古老的民俗传统。宋朝《东京梦华录》中就有记载,每到这一天,大家都穿得干干净净,到处去游逛。民国时期《平谷县志》中也记载,正月初一"卑幼盛服饰,拜尊长为寿",是说大年初一都穿上新衣服,给长辈拜年。穿新衣也成了过春节一系列民俗活动的重要组成部分,它和贴春联、挂灯笼、放鞭炮、吃年夜饭、逛厂甸一样,是北京人春节喜庆交响乐中的一曲。多姿多彩、五颜六色的新衣,衬托着人们的笑脸,把节日的气氛烘托得更加浓烈,为这一古老的节日带来了更多的祥和欢乐。

小时候做新衣,都是父母到卖布的店铺挑选布料,大都要选有喜庆吉祥意味的颜色,买回后先浸泡,让布料缩水,然后母亲给我们挨个儿量体,尺寸要稍大些,因为我们都正在长身体,衣服没穿几个月就小了。我记得母亲把布平铺在炕上,一件件先用粉笔画线,再用剪刀裁下来,然后一针一线密密缝制。很多次我从梦中醒来,看到母亲还在做活儿。做一件新衣服要费很长时间,做成了先让我们试穿,哪里不合适还要修改。我从小就体会到做件新衣服是多么不容易,那时又是多子女,一件一件全靠手工缝,母亲付出了多大的辛苦啊!后来家中买了缝纫机,做起来快多了,有时夜晚睡眠中还能听到缝纫机的"嗒嗒"声。

正月初一早上,母亲已将忙碌多日的新衣服放在枕边了。早晨起来穿上衣服,忙不迭去照镜子,心里那叫一个美呀。这就应了那句俗语"人逢喜事精神爽",见了家里其他长辈、街坊四邻,作揖拜年都觉得神旺气足。到亲朋好友家走访,人见人夸"瞧这孩子多精神啊!长得水灵灵的",这就是"人靠衣裳马靠鞍"吧!

正月初一拜亲朋 长幼有序各不同 作揖叩头道吉祥 恭贺新春乐融融

匙拜年 何大齐

初一拜年

> 正月初一拜亲朋，长幼有序各不同。
> 作揖叩头道吉祥，恭贺新春乐融融。

拜年是中国的传统习俗，是辞旧迎新、互相表达美好祝愿的一种方式。

拜年的习俗已有两千多年的历史，早在汉代就有了拜年这一说，到唐代开始盛行起来，上至皇亲国戚、王公贵族，下到平民百姓、芸芸众生，到了农历正月初一，都要相互拜年。宋朝诗人郑刚中诗里就写道："村巫吹角天将晓，里巷拜年争欲早。"可见这新春拜年，乃是开门第一件要事。除夕守岁到交子时刻，就是大年初一了，天亮后孩子们要换上新衣服，大人也都穿戴整齐，梳洗打扮好，新年新气象，图个好兆头。我小时候要先给家中辈分最高的奶奶拜年，双膝跪地行叩头礼，祝奶奶健康长寿，然后依次给父母、叔叔、姑姑行礼，因家里长辈太多，所以除奶奶之外，其他长辈就都行作揖礼了。作揖时要右手握拳，左手成掌，左手抱右拳。因为右手是攻击手，包住以示善意、真诚、尊重，这不能错了，要是右手抱左手是不吉利的。抱手后上下摇动，上过头，下过膝，祝家中长辈吉祥平安，万事如意，家中拜完走出院门，遇到街坊邻居，都要相互作揖道贺，"过年好"声不绝于耳，一派喜庆祥和。

我家亲戚朋友多，要在除夕前准备好拜年礼物，在西四牌楼路西的福兰斋，买好若干点心匣子，到每一家都不能空着手。除了点心匣子里的"细八件"，还要买一些茶叶、水果、酒等，提的东西因人而异，有选择地送。初二就要到外公外婆家去了，那是出嫁女儿回娘家的日子。见到外公外婆，先跪地叩头，口中还要说着祝二老长寿等吉祥话，外公外婆总是笑不拢嘴地夸奖一番，接着就给压岁钱，见到舅舅、小姨也要作揖行礼，大家其乐融融。到外婆家是要留下吃午饭的。外婆家的年菜和我们家的可不一样，别有风味。我特别记得有一道素菜，是用豆腐丝和胡萝卜丝加上各种作料炒制的，晾凉了撒上熟芝麻，端上饭桌香味扑鼻，太好吃了！

老北京拜年礼数可多了，男人见面相互左手抱右拳作揖，女人见面要右手按在左手上放在右侧腰间摇动，腿还要半蹲下，这个礼节叫"拜拜"。见长辈一般是行叩头礼，平辈相见互相作揖或拜拜，当然像我家长辈多，对上一辈也就改良成作揖了。到了重要的亲朋家，先向佛像三叩首，再向祖宗牌位和影像三叩首，然后才向屋内各长幼依次行礼。拜年时也要注意不说忌讳的事，生病、死亡、离婚等都要回避，多说快乐高兴的事儿，多用吉祥词语。

春节拜年，把一年中很少见面的亲戚朋友都走了一遍，可以增强感情，融入亲情，相互关怀，相互祝福，是老北京融洽人际关系的极好时机。

随着社会的发展和科技的进步，人们现在的生活方式和思想观念也发生了变化，传统的拜年方式渐渐淡出了人们的生活，代之以手机微信拜年。话语虽在，但似乎人情味就淡多了。

通宵爆竹一聲聲　廠甸
廟會盛京城　風車空
竹喧鬧聲男女老少樂
昇平　憶廠甸廟會　何□□

逛厂甸

通宵爆竹一声声，厂甸庙会盛京城。
风车空竹喧夜半，男女老少乐升平。

厂甸在和平门外，是元明时期烧制琉璃瓦的官窑旧址，所以此地又叫琉璃厂。民国六年（1917年）海王村公园在此修建，就是现在中国书店的位置，也称为厂甸。据说庙会始于清朝乾隆年间，每年正月初一至十五举办集市，一年之中，仅此数日，所以游人如潮。

琉璃厂周边是人文荟萃之地，店铺里卖的大多是古董、文玩、字帖、书画、文房四宝。其中书店最多，等到了春节庙会期间，这些店家为了招揽生意，都会在店铺门前就地陈列古董、字画、线装书等。我想这一定与科举考试有关，来京赶考的读书人那时都住在城南宣武门外各地在京设置的会馆中，他们要搜罗自己喜爱的书，要买笔墨纸砚等用品，所以在离会馆最近的琉璃厂就形成了文市的特色。这是厂甸庙会与其他庙会的不同之处。由于厂甸离市中心近，那时北京城也就是二环以内不大的范围，所以春节庙会开始后，各阶层的男女老幼都会争相光顾游玩。

厂甸庙会最吸引孩子的首先是北京的风味小吃。那品种可真多啊！什么艾窝窝、驴打滚、年糕、豆楂糕、豌豆黄、灌肠、果仁奶酪、大糖葫芦……简直是全北京的小吃大聚会。我小时候逛厂甸爱吃这些东西，还爱看怎么做，印象最深的是制作艾窝窝的摊商。

艾窝窝使用煮熟了的江米，冷却后揉成面团，然后搓成圆柱形，揪成一个个鸡蛋大小的剂子，在中间按下一个凹槽儿，里面放上芝麻、白糖或豆沙、豌豆黄等馅料，包住一捏，呈球形，在上面点上红点儿作为装饰，又黏又甜，非常符合儿童的口味。商贩都是当场制作，动作熟练敏捷，包出的艾窝窝大小均匀，放在特制的小纸盒里，一盒装十个。为了防止互相粘连，盒内先撒上一层干面粉，因此做艾窝窝的人脸上身上总是挂着一层白霜，连眉毛、眼睫毛都是白色的，样子十分滑稽可笑，可能这也是让我印象深的原因。

大糖葫芦是厂甸庙会的另一种具有标志性的食品。小贩选大个儿的山里红，去核儿，用一米多长的荆条穿起来，然后在山里红上刷白色的麦芽糖。大糖葫芦白里透红，甚是好看，在顶部还要插上彩旗迎风飘动，我每次逛厂甸准要买一串扛回家。

除了吃的，厂甸还有许多特色玩具，如风筝、空竹、噗噗噔儿、氢气球。还有各式各样的面具，有套在头上的奇异面孔，有挂在耳朵上的京剧花脸面具，有戴在头上吓唬人的鬼脸儿。其中我最喜欢的是空竹和风筝，我会抖空竹，还能抖出花样来。放风筝也是乐此不疲的爱好，一年一次的逛厂甸之行必是满载而归。

1949年以后，厂甸继续在春节大年初一至正月十五举办庙会，最后一届是在1963年，据当时的统计数字，有两百万人逛厂甸，盛况可想而知。后来因妨碍交通而停办了，再恢复已经是2001年，中间隔了三十七年。我想追回儿时的记忆，就又去逛了一次厂甸，只是时过境迁，许多东西已经不是我儿时记忆中的那个味道了。

大糖葫芦似长龙
蘸上饴糖白又红五颜六色小旗飘
庙会春意浓

庚寅初春 何之华

大糖葫芦

> 大糖葫芦似长龙，蘸上饴糖白又红。
> 五颜六色小旗飘，厂甸庙会春意浓。

每逢春节正月初一到正月十五，北京南城琉璃厂就会有厂甸庙会，北起和平门，南到梁家园，西到南北柳巷，东至延寿寺街，一年只有一次，卖的东西都很有特色，很多是平日里或在别的地方买不到的。厂甸庙会是老北京人的最爱，尤其是孩子，过年不去厂甸就好像缺少一台大戏一样，感觉少了很多年味儿。孩子们三十晚上熬一宿，大年初一到十五必定会缠着大人择日去逛厂甸。

厂甸可吃可玩可看的东西多了去了，但又好吃又好玩又好看的，就得数大糖葫芦了。说起糖葫芦，现在的孩子大概只知道冰糖葫芦了——不到一尺长，竹扦子上穿着十个八个山里红，蘸上用冰糖熬制的糖液。但大糖葫芦与冰糖葫芦不同，首先它特别长，最长的有六尺，最短的也有三尺。选大个儿的山里红，去核儿，用长长的荆条穿起来，表面刷上熬化的白饴糖而不是冰糖。白饴糖是用麦芽和小米为原料制成的糖，和关东糖是同一类，制作时用刷子蘸上饴糖，刷在穿好的山里红上，白里透红，最后还要在顶端粘上粉红色或绿色的三角形小旗子。小贩在大箩筐上支起木架子，上面钻上圆形孔洞，把大糖葫芦插在孔洞里。小旗儿高高地迎风摇摆，十分耀眼，成为厂甸的一大标志。大糖葫芦是孩子们的最爱，选一串最长的扛回家，心里那份快乐就别提了，现在一想起来，那场面、那心情还好像就在眼前。如今的孩子们见不着大糖葫芦了，只知道超市和街边卖的冰糖葫芦，从爷爷奶奶口中像听故事一样，了解一点儿往日风情。时过境迁，这是无法挽留的。

厂甸大糖葫芦的观赏和娱乐价值超出了它的食用价值。为什么要把它做成那么长呢，顶上还插着小旗子？这是为了吸引人的眼球，给人视觉上的美感，以烘托节日气氛。为什么不蘸冰糖而是刷上白色的饴糖呢？因为这么长的葫芦是没法儿蘸冰糖的，只能用刷子刷上饴糖。白色的饴糖和大红色山里红相映成趣，再加上彩旗飘飘，长长的扛回家，真是能让孩子显摆、兴奋一整天。

大糖葫芦让孩子高兴了，但它吃起来却很不方便，那么长，得用手一个一个撸下来放在盘里才能吃，所以厂甸的大糖葫芦只有在春节的时候才卖呢。春节期间，鸡鸭鱼肉吃得比平时多，作息又不规律，很容易上火，消化不良，吃这大糖葫芦，是助消化、宜健康的，孩子图的是玩、乐、吃，大人图的是消食健胃，两拍合一，大糖葫芦就成为逛厂甸必买之物了。

据史书记载，南宋光宗皇帝最宠爱的黄贵妃生了怪病，面黄肌瘦，不思饮食，御医用了许多贵重药材，却不见效，皇帝无奈，只好贴榜招医。一位民间郎中揭榜进宫，为贵妃诊脉后说："将山里红与红糖煎熬，每餐饭前吃五到十枚，半个月后病就会好。"贵妃按此方服用后，果然如期病愈。皇帝大喜，命人如法炮制，就做成了后来的大糖葫芦。

春節廠甸好熱鬧
空竹攤位占要道
張飛騎馬
猴爬杆
喜慶
吉祥
添歡笑

甲申夏日
畫空竹圖
何大齊

空竹

春节厂甸好热闹,空竹摊位占要道。
张飞骗马猴爬杆,喜庆吉祥添欢笑。

老北京厂甸庙会上有一种带响儿的玩具,叫作"空竹"。空竹古称"空钟""空筝""响铃",是由来已久的传统玩具。厂甸卖的空竹由竹子和木头做成,分单轮和双轮两种。单轮抖起来难度大,初学不易,但学会了可以玩出很多花样儿。

抖空竹要左右手各握一根二尺多长的圆木棍,两头绑好一根一米多长的线绳。抖的时候先把线绳逆时针方向缠在空竹葫芦形木柱的细腰部,至少要缠两圈,双手提起离开地面,右手拉,左手随绳,一去一送,不断来回扯动,速度加快,空竹的轮盘也越转越快,带动空气穿入笛哨,发出清脆悦耳的声音。

空竹在我国有着悠久的历史。据传,三国时期曹植写过一篇《空竹赋》,是最早对空竹的记录,距今已有一千七百多年。最初的玩法像现在的陀螺一样,用鞭子抽打,使其快速旋转发出"嗡嗡"的声音,后来发展为在单轮板面上穿一竹棍,上长、下短且尖,用绳子绕在上半截竹棍上,用一开孔竹板做平衡支撑,把线穿过竹板用力一拉,空竹就在地上迅速旋转起来。

现在的单轮和双轮空竹在明代就已经出现了。到了清代,抖空竹的方法逐渐成熟,发展成带有表演性质的炫技,直到现在,杂技团都有高超的抖空竹技巧表演。清人李虹若在《朝市丛载》中写道:"抖空竹,每逢庙集,以绳抖响,抛起数丈之高,仍以绳承接,演习各样身段。"抖空竹也得到宫中女子的喜爱,清朝有首《玩空竹》的名诗:"上元值宴玉熙宫,歌舞朝朝乐事同。妃子自矜身手好,亲来阶下抖空中。""空中"就是"空竹"。由此可知,抖空竹到清朝已经发展到鼎盛时期,从皇家到民间都以此为娱乐。

我小时候最爱玩的也是空竹,可以抖出"扔高""猴爬杆儿""放地轴"等许多花样儿,经常当着众人逞能表演。抖得越快,空竹旋转得越稳,这时就可以玩花样儿炫技了。首先是"放地轴",就是把单轮空竹的轮盘朝上,木柱的尖头朝下,放在地上,绳子离开,任它自己快速旋转,等看它速度渐慢时,用双棍上的线绳准确地兜住木柱的细腰部,快速拽起,又开始继续扯动,一会儿空竹就又飞快地旋转并重新响起清脆的哨声。接着就可以表演又一个新花样儿了,在抖得正上下"嗡嗡"作响时,突然把空竹木柱的细腰部放在木棍上,让它变成横向,脱离绳子,在平握的棍上来回滚动,这个技巧叫"猴爬杆儿",也会博得周围一片叫好声。

对我来说,最高难的花样儿是抖得正酣时,猛地把空竹往空中一抛,大约有六七米高,再展开双棍,绳子准确无误地接住它立柱的细腰处,若无其事地继续抖,那围观的肯定一片掌声,这时我心里别提多得意了。玩这个技巧对孩子来说算高难动作,因为有风险,接不住掉在砖地上会摔得很惨,有破裂的可能。所以我经常会在花池子中间松软的土地上反复练,等觉得有把握了,把全家人都叫到院儿里看我表演,从空中接住那一刹那,掌声四起,心里充满了成功的喜悦。那时我还是个小学生,男孩子们经常在一起切磋。至今,我还保留着两个传统的竹木质地的空竹,偶尔在客厅抖一抖,每当空竹声响起,就仿佛又回到了童年。

噗噗噔兒
玻璃琥珀
脖細肚大
底端薄
一呼一吸
砰砰響
每逢春節
添歡笑

赴賣噗噔兒圖
辛卯夏 何之齊

噗噗噔儿、琉璃喇叭

噗噗噔儿玻璃烧，脖细肚大底端薄。
一呼一吸砰砰响，每逢春节添欢笑。

过了除夕夜，从正月初一到正月十五，足足半个月的时间，北京城南的厂甸庙会是老北京人娱乐、购物的主要去处。这里鳞次栉比的席棚布帐中，各种商品堆积如山，有文玩字画、书籍碑帖、手工艺品、风味小吃，还有各种玩具，如孩子们喜欢的风筝、风车、空竹、噗噗噔儿、琉璃喇叭等。

就说这噗噗噔儿吧，它是厂甸庙会特有的儿童玩具，根据它发出声音的方式和形状，也有人称它"倒掖气"或"响葫芦"。据记载，这种玩具明朝就有了，《帝京景物略》中专门写到过它："别有衔而嘘吸者，大声嗙嗙，小声哱哱，曰倒掖气。"它是用玻璃制成的，有球形或葫芦形。它有一根细长的玻璃管儿，用嘴含着管头儿，一呼一吸即可发出噗噔、噗噔的声音。制作噗噗噔儿，先用紫红色的玻璃料拉成管状，再把前端吹成一个葫芦形或球形，趁玻璃料还没冷却变硬时，在底端微凸的平面上一摁，使底面略向内凹陷，冷却后即成。噗噗噔儿的底端玻璃极薄，在一呼一吸间，玻璃前后移动而出声，随着呼吸速度的变化就能发出有节奏的"乐音"。如果两三个大孩子一人吹一个，相互对吹，好像有声部的合唱或对唱，又好像互相交谈，十分有趣。由于物美价廉，吹出的声音又轻柔悦耳，因此这种玩具很受大人孩子的喜爱。我记得小时候大人领着逛厂甸，总会买几个大小不同的带回家去。

噗噗噔儿好玩儿，但由于是玻璃制成，极易破碎，若在吸气时炸裂，就有可能把碎片吸入口中，进入咽喉，甚至吸入肺中，十分危险。我记得那时父母、叔叔、姑姑都会吹，但不让小孩吹，我只能围着他们羡慕地看着。后来他们吹的时候，会在噗噗噔儿的管口上蒙一层薄手绢，万一有破裂时，防止吸入小玻璃片。当然，炸裂的传闻也是极少的，要不然也不会年年上厂甸庙会，流传几百年。

由于存在安全隐患，这种玩意儿最终被禁止生产销售，渐渐绝迹了，但那噗噔噗噔的美好乐声，以及购买时的欢乐，却成了我童年抹不去的记忆。

在卖噗噗噔儿的摊位上会同时卖琉璃喇叭，这是用绿色玻璃做成的喇叭，有一个细长的玻璃管，在管的下端制成喇叭口形，整个长度有八十厘米左右，有点儿像冲锋号一样。撮口用力吹，声音很大，很尖细，小孩子是吹不响的，大人吹也得练习半天才能出声儿，所以买的人就比较少了。

卖这些玩具的小贩一般是用两个大而深的藤编筐，可以坐地设摊，也可以挑起走动。筐上面加一个木架子，木架子上有圆形的插孔，也有用草扎成的圆柱，都是插噗噗噔儿用的。

製出氫氣
充皮囊
五顏六色
迎風
揚廠
向擺攤
招攬客氣球
高升圖吉祥

題賣氫氣氣球 何之碩

氢气球

制出氢气充皮囊，五颜六色迎风扬。
厂甸摆摊招揽客，气球高升图吉祥。

每逢春节厂甸庙会，都有卖氢气球的摆摊儿设点儿，当场制作氢气球。一个木制的方桌，在上面绑上竹竿，纵横支成一个立体的架子，架子上拴着形态各异、充好气的氢气球。绳子长，气体轻，气球飘得很高，五颜六色随风摇摇摆摆，很是引人注目，老远就能看到，招引得孩子们拽着大人往那儿跑。

除了充好气的成品，卖氢气球的木桌上还摆着一些瓶子，内装制作氢气用的铝粉、烧碱和凉水。小贩把三种原料按配比放在一个大瓶子里，先放烧碱，再放铝粉，最后倒入凉水，盖上瓶盖，等它们起化学反应后产生氢气，然后从盒子中取出色彩鲜艳的橡胶皮囊套在瓶口上。瓶内产生的氢气充入皮囊，越充越大，皮囊的色彩也越加鲜艳，而且呈半透明状。小贩用小线绳儿拴住囊口，留下两三米长的线，氢气比重小，球体自然就高高地升起来了。每年春节大人带我逛厂甸，我都要买回几个色彩艳丽的氢气球，举着回家。

后来，我听说氢气球是两百多年前法国化学家发明的，他们把氢气灌入猪尿脬，用于探索气象和一些军事目的，作为儿童玩具是后来的事儿了。

氢气球虽然是外国人发明的，但传入中国后，聪明的国人就想方设法挖掘它的使用价值。除了在军事勘测、气象预测上发挥作用外，氢气球在民用方面也派上了用场，作为儿童玩具，真是大放异彩。首先是设计制作各种色彩鲜艳、外形各异的橡皮胶囊，有圆球形、葫芦形，还有香蕉形、细长的竹节形。在春节这样的传统节日中，不同颜色的、不同形状的氢气球，高高飞舞在跑来跑去、大呼小叫的孩子头上，透着蒸蒸日上、喜气洋洋的气氛。这也正贴合了我们民族的传统心理：逢年过节求吉祥，祈盼生活节节高。

氢气球虽然大受孩子们欢迎，但是不安全，如果遇静电或明火、高温、电火花等就会有爆炸的危险，我小时候就听家里大人说过，有人买了氢气球，边走边吸烟，结果不小心把火星溅到气球上，引起爆炸，灼伤了周围很多人。虽然知道它有危险，但人们还是忍不住春节买它图吉祥喜庆的愿望，当然，这也和那时儿童玩具的匮乏大有关系。后来为了安全起见，也有用惰性气体氦来代替氢气的。不过氦气虽安全，但制作难度大，成本高，始终没成为替代品。

现在孩子们玩的气球，主要是用打气筒打进去的空气，甚至用嘴也能吹起来，这可能和高级材料做出的气球皮囊有关，现在的薄而不易破，几十年前做出的皮囊都厚，用嘴根本别想吹起来。作为玩具，我还是认为现在的好，虽然不能像氢气球飘得那么高，但是安全，节日的烘托作用是一样的。

厂甸面具，色缤纷，神头鬼脸真赫人。小儿龇鼻爱面具，漂亮孩子庆瘟神。

题厂甸面具 何大齐

假面具

厂甸面具色缤纷，神头鬼脸真吓人。
龆龀小儿爱面具，漂亮孩子变瘟神。

说起厂甸的特色玩具，还有一种特别受孩子们欢迎，就是假面具。摊商在货筐上用长木棍搭起货架，把各种各样的面具挂在架子上。面具的造型奇形怪状，色彩鲜艳，最能抓住孩子的眼球，从老远就能把他们吸引过来。买一个戴在脸上装神弄鬼，吓唬小伙伴，很符合儿童，尤其是小男孩的心理。我小时候就在厂甸买过好几个面具，戴上之后照镜子，看到自己的怪模怪样特别开心，有时还会躲在门后，猛一出来吓唬家里其他人。

假面具在中国的历史很悠久了，古代祭神用的头饰就是面具的雏形，到西汉发展成为歌舞演出用的道具，现在贵州省的傩戏使用的还是这种古代面具。它主要是用木材雕刻出来的，也有皮革制成的。后来人们感到戴着面具演出过于呆板，无法充分表现人物的情绪特征，才改为用油彩在演员脸上直接涂抹的化妆方法，就像现在京剧舞台上的净角，俗称"大花脸"。如今，面具退出了历史舞台，却转化成了儿童玩具。在这个过程中，首先材质变了，用木雕太费工，成本又高，改为用纸浆敷在模具上，晾干后剥下来用色彩勾画脸谱，待颜色干了在上面涂些蛋清来固色、防水，而且色彩更加鲜亮。模具是根据孩子脸形制作的，所以大小合适，在双眼的地方挖出两个洞，能看到外面，鼻孔处留两个小洞，好出气儿。脸谱的样式很多，除牛头马面，更多的是取自戏曲中"大花脸"的图案。"蓝脸的窦尔敦盗御马，红脸的关公战长沙……"，歌词说明不同的颜色代表了不同的角色性格，例如"红黄蓝表神圣，白绿银灰画鬼妖""红忠紫正，黑正粉老"等说法，都反映了中国传统文化中用色彩寄托人们情感的观念。

厂甸卖的面具是在耳朵部位钻两个小孔，用松紧带穿过拴紧，戴在头上把带子绷在后脑勺上，起到固定作用。那时我家里院子大孩子多，经常每人戴一个，按照上面画的图案分角色，再根据看过的京剧自己编戏文、编故事，在暖暖的冬日阳光下能玩一个下午。大人们也都围观指点，哈哈大笑，在欢乐的春节中，又增添了一幅开心的场景。

彩色紙旗獵獵飄
風輪耕動小鼓敲
春節更添喜慶氣
男女老少樂陶陶
趕大集風車
何之舞

风车

彩色纸旗猎猎飘，风轮转动小鼓敲。
春节更添喜庆气，男女老少乐陶陶。

北京的春天是多风的季节，几乎每天都刮，但暴风少，总的来说是平稳的，于是有些要靠风吹的玩具就在春节厂甸庙会上应时而生，比如风筝和风车。过了热热闹闹的春节庙会，卖这些东西的就少了，喜欢这些玩具的，就得趁着这时候买回去，等到一出正月，料峭春风登场，就可以去户外拿着奔跑玩了。渐渐地，这也成了风俗习惯，春节买风筝、风车，也成了男孩子们最向往的活动之一，所以正月十五前，到处都能看到从庙会出来，喜气洋洋地拿着风车回家的大人孩子。

这种北方地区的儿童风车是北京郊区的农民利用农闲，就地取材制作而成的：先用高粱秆儿扎成"甲"字形、"申"字形的架子，架子上主要的部件就是风轮儿和小鼓儿。用细竹条弯成直径有十厘米的圆环，再取一小截高粱秆儿当轮轴，用韧性非常好的高丽纸，染成花花绿绿的纸条，做成风扇叶，用它把竹圈儿和轮轴粘连在一起，就成了一个一个的小风轮儿。做小鼓儿是把黏土（北京俗称胶泥）加水反复揉，和成十分滋润的黄泥团儿，搓成细条，弯成直径有五厘米的小圆圈，自然风干后，在一面蒙上牛皮纸，再用胶水粘牢。在高粱秆儿扎成的架子上打出许多小眼儿，用细竹扦儿把风轮儿、小鼓儿都插装在架子上，再用牛皮筋钩住两侧的立秆，中间别上两根小细竹棍当鼓槌，在牛皮筋上扭几圈，小竹棍就紧紧夹稳了。风车一转，带动小鼓槌击打小鼓儿，发出"嗒嗒嗒嗒"清脆的鼓声。一个高粱秆儿的架子上可以装二十多个风轮儿和二十多个小鼓儿，因为用的材料都很轻，所以见风就转，这么多小鼓儿一起敲打，声音可以连成一片，传得很远。

老北京又称风车为"吉祥轮"，关于名称的来历有很多不同的传说，但在这些传说的故事中都有"四季平安""吉祥如意"的寓意。风车的历史十分悠久，我曾看到过一幅宋朝画家所画的工笔彩绘《货郎图》，在他的货挑子上，大多数是儿童玩具，其中就有风车，但形状和构造比现在的简单得多，到了清朝，才发展成现在这个样子。

因为风车是农民在农闲时发明创造出来的，所以选用的材料都是庄稼地里的秫秸秆儿和泥土，纯天然没有污染，他们用一双灵巧的手，精心制作，一代代传承，不断改进，日臻完善，虽然是民间的小工艺品，却也包含了很大的智慧。

老北京春节的年味儿是很浓的，有人把放鞭炮和风车联系起来，写成一副对联，上联是"爆竹声声除旧岁"，下联是"风车阵阵迎吉祥"。想起小时候，我们把从厂甸买回来的风车绑在树上，或者绑在房檐底下，风车迎着西北吹来的风，昼夜"哗哗"作响，这声音，至今还隐隐在耳畔回响。童年的春节、童年的风车，永远在心中不能忘怀。

清明日暖春風催藍天白雲紙鳶飛沙燕蝶蛱
小屁崽扶搖直上競牛輝題賣風箏圖
辛卯夏柯天椿

风筝

清明日暖春风催,蓝天白云纸鸢飞。
沙燕蜈蚣小屁帘,扶摇直上竞争辉。

风筝在我国有着悠久的历史,东周时期就已出现,至今有两千多年了。相传最早是墨子用木头做成木鸟,研制三年而成,他是人类制作风筝的祖师爷。后来鲁班用竹子改进了墨子做风筝的材料,直到东汉时期蔡伦发明了造纸术后,坊间才开始用纸做风筝,称为"纸鸢"(鸢就是老鹰)。到了南北朝时,人们利用风筝传递信息;隋唐时,裱糊风筝的技术就很完善了;到了宋代,人们已经把放风筝当成了室外的娱乐健身活动,北宋《清明上河图》中就有放风筝的情景。10世纪,风筝传到了朝鲜、日本,14世纪传到了欧洲,可以说风筝是中国的第五大发明。据说,西方发明的飞行器,就是在某种程度上受到了中国风筝的启发。

风筝最初称作"纸鸢",后来人们在纸鸢上加上竹子做的笛哨,风吹竹哨,发出筝鸣声,故而改名为"风筝",意思是会发声的纸鸢。

由于文人墨客对风筝的喜爱,风筝在扎制、裱糊、绘画上不断发展完善,成为具有艺术价值的工艺品。相传曹雪芹就有制作风筝的爱好,所谓"曹家样"至今仍有流传。风筝上的装饰画以吉祥祝福为主要寓意,把燕子、蝴蝶、蝙蝠、蜻蜓等动物加以变化,成为图案式的形象,反映了人们善良健康的审美情感。

游戏中承载着中国的传统文化。传统中国风筝的技艺概括起来就四个字:扎、糊、绘、放。制作风筝,先用竹批儿扎制竹架,用纸或绢裱糊,然后在上面绘制人们喜爱的吉祥图案,纸要选择有韧性、结实的,像高丽纸就很适合。春天是放风筝的最佳季节,北京的春天多风,又很和煦,因此春节厂甸庙会卖风筝的摊位就特别多。卖风筝的小贩把风筝拴在木架子上供人们选购,风筝的样式五花八门,但还是沙燕儿最多,还有蜻蜓、蝴蝶、老鹰、黑锅底、刘海戏金蟾、蜈蚣等。

燕京自古就有"清明放纸鸢"的习俗,我们小时候都对放风筝有着极大的兴趣。我家院子大,放风筝前先扬把土,辨明方向。风筝要迎着风才能放飞,有时风小,就用长长的竹竿,把线挑得高高的,要超过房子的高度,才能抖起来,风筝飞得越高,就飞得越稳,我想大概因为高处气流稳定的原因。风筝收回时最容易挂在树枝上,或一头栽下去,这些险情我都经历过。

买风筝放,我还不过瘾,就想自己做,于是找来了竹批儿,用刀反复削刮,做成又细又光滑的细竹条儿,点上蜡烛,在火头上熏烤,把竹条窝成半圆形,做成沙燕儿的头和弯弯的双翅,再用细麻绳蘸上胶水,把接头的部位捆牢、粘紧,等胶干后,用剪刀按竹架子的形状,把高丽纸剪下来,用糨糊粘在竹架子上。最后一道工序是画,先用毛笔蘸墨勾线画出沙燕儿的形象,等墨线干了以后,再上颜色。自己做出的风筝虽然略显粗糙,但心中格外高兴,拿着到处显摆,"扎、糊、绘、放"我可是全都尝试过了。

廟會集市設攤棚茶湯油麵色味濃
高大銅壺金光閃沖水尤要看真功
趕茶湯圖 何大齊

茶汤

庙会集市设摊棚，茶汤油面色味浓。
高大铜壶金光闪，冲水也要有真功。

每到春节，最热闹的地方莫过于厂甸庙会，五行八作都在此设摊搭棚。北京的小吃在这儿也大集合了，如艾窝窝、豌豆黄、炒扒糕、豌豆粥、灌肠、豆汁、驴打滚、大麦米粥、果仁奶酪、大糖葫芦，等等。

其中卖茶汤和油茶的最引人注目，尤其是那个龙嘴大铜壶。它的体身金光锃亮，壶身铸有游龙，壶嘴是一个龙头造型，龙口张开，开水就从龙口中吐出。龙头上面系着两朵丝绒红球，不断地前后摇动，十分生动有趣。这个大铜壶也是卖茶汤的招幌，它净重就有九公斤，可以盛水四十公斤。壶的中心是个烧煤炭的炉子，外面包着壶体，圆形的壶膛里盛着水。当壶心炭火把水烧到一百摄氏度时，铜壶旁边的小汽笛就"呜呜"地叫起来，像是在招揽食客："快来碗茶汤吧！"

茶汤的原料是糜子面，先将糜子米淘洗干净，用凉水浸泡两个多小时，捞出控干水分，上碾子磨成面，然后再用细箩筛。茶汤摊儿上的大瓷盆盛着满满上尖儿的糜子面，小贩取一个瓷碗，用勺子扣两勺放在碗中，先倒入一点儿温水，用小铜勺儿快速搅成稀浆状，然后左手托碗，右手握住壶把儿，将壶推搬至倾斜，壶内的开水顺着龙头壶嘴儿快速冲到碗中，这时小贩马上又将碗向下拉到两尺多的距离，这是为加大水的冲力，使碗中的面浆冲翻上来，好受热均匀，随后又迅速把碗往上提拉，接近壶嘴儿，右手将壶拉回，原位平放好。整个动作连贯流畅，一气呵成，十分优美精彩。面糊一瞬间被冲成杏黄色的茶汤，接着把碗倒过来朝下，茶汤下坠，挂在碗边儿，用手拍动，既让碗里茶汤松软，又不会掉下来，最后在茶汤上撒上一层红糖，中间撒上一点儿白糖，再加上点儿糖桂花、金糕丁儿、青梅丁儿，一是为了好看，二是为了提味儿。

制作茶汤和沏茶相似，所以叫"茶汤"，茶汤和茶其实是没有关系的。

卖茶汤的都兼卖油茶。这油茶是用牛的大棒骨中的骨髓炼成的油和白面粉一起炒制的。小时候我到市场买回牛的大棒骨，回到家里用锤子击碎，中间的圆柱状牛骨髓就取出来了。先用铁锅加热炼成油，把渣滓捞出，把面倒入油锅中不停翻炒，最后呈微黄色就可以了。冲制油茶的方法和茶汤相同，也放红糖、白糖等调料，但油茶有一种牛油的香味。这是高油脂、高糖的甜食，在冬季，喝下一碗油茶浑身发热，有饱腹感，再加上这博人眼球的大铜壶和冲调方法，油茶自然成为春节庙会回头率高的美食。

琉璃廠古舊書攤
庚寅小滿何□畫

新到！
全唐詩
二十四史
典論論文

厂甸书摊

> 古旧书摊厂甸多，各类经书和小说。
> 良莠混杂需慧眼，文人学子是常客。

自明清以来，各省均在北京修建自己的会馆。进京参加科举考试的读书人，一般都居住在城南琉璃厂附近的会馆中。在备考期间，读书休闲之时，举子们都愿意到不远的厂甸、琉璃厂逛逛，看看文玩字画，淘换些自己所需的旧书籍，这就促进了这一带旧书摊儿的聚集，与文人雅士相伴的文房用具、南纸店铺、书画古玩等行业也随着发展起来了。

乾隆三十八年（1773年）开始编撰《四库全书》，两千多名文人学士从全国各地调集而来，参加这项浩大的纂修工程。这些学士也大部分住在会馆里，他们路过琉璃厂时，常顺路去这里的书摊儿搜觅和阅读图书，查对资料，找纂修《四库全书》的参考依据。这么大批文人的往来，进一步促进了这里古籍和文物行业的兴盛。

自清朝乾隆年间到如今的两百多年里，众多名士、文人墨客、专家学者在这里留下了足迹，和厂甸、琉璃厂结下了不解的文化情缘。据史料记载，民国以来，鲁迅、老舍、胡适、朱自清、张伯驹、齐白石等都是这里的常客。

春节厂甸庙会上，虽是百物百行俱有，但书摊儿却占有重要的地位。大书摊儿主要设在附近海王村公园和土地庙内，其中既有琉璃厂书铺设的，也有市内别的地区来的，像有名的大书店"三槐堂""宝生堂"等都在这里设摊儿卖书。有些穷读书人，平时走街串巷，按斤买来旧书，回来经过分拣，挑出有价值的善本，稍加修补整理，这时也到琉璃厂一带摆摊儿卖。来这里逛书摊儿的大多是有文化的人，其中不乏慧眼识货者，能找到自己所需之书，大有"踏破铁鞋无觅处，得来全不费工夫"的欣喜，出高价也愿意。

逛书摊儿的乐趣，在"淘"字上。这就得不惜时间和脚力，仔仔细细翻阅查找。周作人在《厂甸》一文里写道："路还是有那么远，但在半个月中我去了四次。这与钱玄同、刘半农诸公比较都不免是小巫之尤。"钱玄同、刘半农属于朱自清所谓的"天天巡礼去"的一类人。去了必有收获，否则也不会天天去。例如鲁迅1923年正月初六以一角钱购得《明僮合录》，周作人则以三角钱购得《拟禽言》，他在文中写道，"看了中意，便即盖上图章，算是自己的东西了"，喜悦心情可见不一般。又传朱自清用三角钱淘到《伦敦竹枝词》，由此撰文投稿《论语》杂志，得五元稿费，笑着说"仅有一次买书赚了钱"。1926年刘半农在书摊上购得《何典》一书，兴奋不已，很快将其整理出版。吴晗先生在《碧血录》一书后跋中写道："在厂甸巡礼，凡帙巨者，虽翻阅不忍释，顾终不敢一置问。偶于海王村侧一小摊得此书，价才三角，大喜，持归。"对于读书人，能得到自己心仪已久的书，价格又不贵，那是多么幸福啊！

姚鹓雏先生有名句："暇日轩眉哦大句，冷摊负手对残书。"淘书人的乐趣和收获大抵都在其中了。

正月初八捡燈花 屋內院外燈花撒 閣閣燭光
祝吉祥家如羣星滿天霞 題撒燈花 何大齊

楢財付

忠孝節德行

仁義禮智

撒灯花

正月初八捻灯花，屋内院外灯花撒。
闪闪烛光祝吉祥，宛如群星满天霞。

正月初八，又称"顺星节"。小时候我奶奶说："初八这一天，所有的星星都会下界到人间。天上星星光芒闪烁，是大人给孩子指认星星的好机会。"古时候就有这天晚上点起花灯和天上的星星遥相呼应的习俗，大门大户的有钱人家，要摆上一百零八盏灯花，一般小门小户的人家，要摆上四十九盏，就连最贫穷的人家也要摆上九盏灯，代表日、月、金星、木星、水星、火星、土星、罗睺星、计都星，共九位。

传说正月初八是谷神的生日，中国自古以来就是农耕社会，靠天吃饭，"稻粱黍、麦黍稷"，庄稼收成对老百姓太重要了。这一天如果天朗气清，就预示着今年一定是个丰收年，如果满天乌云，看不见星光，今年的谷物恐怕就要歉收了。

我小时候家里点灯用的是灯碗形的小高脚杯，有泥质的，也有铜质的，里面放上豆油，用灯花纸，自己捻成灯捻儿。供品是元宵和清茶。先是家里大人面向北斗七星上香拜祭，三叩首，然后轮到我们这些孩子上场。我们哪懂什么顺星的事儿，只是见这么多碗灯，闪闪烁烁，又可以过一个新鲜、不一样的夜晚了，就如同现在的孩子晚上在院子里要开派对，可有玩闹的机会了。我们遵从大人的吩咐，把油灯分别放到室内、户外、厕所和灶旁，满院子星星点点，黑暗中好像增添了很多奇妙，幻想着天上的星星都下来了，心里真高兴。大人告诉我们，这就叫"撒灯花"。如果是本命年的人，就要静守灯花，看着它慢慢熄灭，求得来年大吉大利，事事顺心。

"顺星节"源于道教，所以正月初八，西便门外的白云观都会举行祭星的宗教仪式，游人如潮。这一天，那些以算命占卜为业的卦摊儿，在白云观外云集。他们打扮成非僧非道的古怪模样，引诱那急切求福避灾的信徒，占卜一下，算一算命，要价比平日高出好几倍。有的算命先生，口吐莲花，信口开河，可是还真有人花钱，听着胡言乱语的训诫、预测，最后还满意而去。

白云观内有顺星殿，列有二十八星宿和九星的像，祭祀的信众向自己的本命星宿虔诚叩礼，敬献香烛和油灯钱。顺星殿的两旁摆放着二十八星宿和九星的灯盏。这一天要在观内举行仪式，道长要率领全体道士，鸣钟击鼓，诵读经文，祈祷除灾降福，国泰民安。道教的信徒，要守着自己的本命星宿跪俯，一直等到油尽灯灭，方能如释重负地安心而去，静等这一年幸福生活的降临。

在老北京，正月初八还有"游八仙，去百病"的风俗习惯。相传这一天要祭祀"八仙"，即传说中的汉钟离、张果老、韩湘子、铁拐李、吕洞宾、曹国舅、蓝采和、何仙姑。初八这天，人们早晨就会走出户外，逛庙会，逛集市，或到山野郊游，通过外出活动，达到祛除百病的目的。

正月十五鬧花燈，摩肩擦踵喜兒多，童魚走馬樣式多，全憑巧匠手扎成。

正月十五燈節 何𠄘華

元宵节

> 正月十五闹花灯，摩肩接踵喜盈盈。
> 金鱼走马样式多，全凭巧匠手扎成。

元宵节是我国春节年俗中最后一个重要节令，古人称"夜"为"宵"，所以把一年中第一个月圆之夜——正月十五称为"元宵节"。

元宵节的习俗在我国有很长的历史，据民间传说，正月十五在西汉已经受到重视，但真正成为民俗节日是在汉魏之后了。自古以来，元宵节就以热烈喜庆著称——观灯赏月，燃放鞭炮焰火，猜灯谜，吃元宵，打着各种形状的灯笼到处游街……此外还有耍龙灯、耍狮子、踩高跷、划旱船、扭秧歌、打太平鼓等传统民俗娱乐表演形式。在由宫廷到民间、由中原地区到全国的发展过程中，元宵节逐渐成为民间盛大节日，到了宋代发展成为世俗最热闹的狂欢节。

元宵赏灯活动持续五天，灯的样式繁多，场面也很热烈。宋代词人辛弃疾有一首词《青玉案·元夕》，写的就是宋朝元宵节的狂欢场面："东风夜放花千树，更吹落，星如雨。宝马雕车香满路。凤箫声动，玉壶光转，一夜鱼龙舞。"花灯无数，烟花如星雨，鼓乐声不绝于耳，一轮圆月高照大地，龙灯、鱼灯翩翩起舞……此外，宋代就有猜灯谜的娱乐项目，把谜语写在小纸条上，贴在灯上让大家猜，猜中有奖励，这种娱乐益智的活动受到人们的喜爱，一直流传至今。

在我童年时代，每逢元宵节，我家附近的西四牌楼一带就热闹非凡，每家商户门口都张灯结彩，燃放鞭炮。有一家专卖年糕类小吃的"年糕张"，在街边用大笸箩摇元宵，现摇现卖，当场架锅煮元宵，食客或围而食之，或买生元宵回家自煮，全家团圆吃元宵。

在西四牌楼的十字路口还有耍狮子的行家里手，头套狮子道具，摇头晃脑，舞动身躯，做出各种滑稽动作，逗人欢笑。耍狮子中最惊人的一幕是一前一后两个人组成一头狮子，他们配合着，以熟练而矫健的动作，爬到有三四层楼高的牌楼上，做出各种高难惊险的动作，下面围观的有上千人之多，叫好声、鼓掌声、惊叫声不止，好不热闹。我们这些孩子则手提形状各异的灯笼在人群中穿梭，兴奋到了极点。

阖家团聚月儿圆 元宵佳品人人爱
黏甜香味美情暖 走东赴西买元宵
庚寅初春 何士华

摇元宵

阖家团聚月儿明，上元佳品人独钟。
面白心热黏甜香，味美情暖在京城。

元宵节吃元宵，已经成了传统民俗了。元宵是把制作好的馅料，裹上水，在糯米粉中反复摇滚而成的。还有一种是用糯米粉加水和成面团，中间放馅儿包成的，叫汤圆。一般北方是摇元宵，南方是包汤圆。

正月十五夜晚，正是新一年第一个满月之时，窗外明月皎洁，家家屋内热腾腾的沸水中快煮熟的元宵漂在上面，一个个也像天上的明月。此时天上地下，都被这团团圆圆的气氛笼罩着，一派祥和。所以说元宵节吃元宵或汤圆，表达了老百姓盼望阖家团团圆圆的美好愿望。我想元宵这种食品的得名，也是借用节日的名称，借"元"与"圆"谐音，而寓意托情，又白、又圆、又甜，这里饱含了多少人的情感啊！

老北京人在元宵节都是吃摇出来的元宵。西四牌楼有一家有名的商铺"年糕张"，每逢正月十五前几天，在门前路边摆上桌子、大笊篱、水缸等家伙什儿，就开始摇元宵了。他们先把制作好的方块形的馅料盛在大笊篱中，放入水缸中浸上一层水，扣在笊篱里，加上糯米粉。笊篱下面放一根圆棍，摇元宵的伙计双手拽着笊篱的边儿，借助圆木棍的前后滚动，笊篱也摇动起来，里面沾满水的馅料在糯米粉中不停地打滚儿，动作大时，都能把已裹上白粉的馅料颠起来。翻过来掉过去，看看白粉都裹瓷实了，再用笊篱把元宵放入水缸，沾上水又摇，如此反复多次，元宵摇成乒乓球大小了，就大功告成。商家将元宵论个儿装入纸袋，系好纸绳，双手递给围观等货的顾客，道声："您慢走！下一位！"这摇元宵也成了街头一景，许多人围着看热闹，等待的时候长了，可以当时买一碗煮熟的元宵，填肚解馋，然后再买一包生的回家。这几天，摇元宵的买卖真是兴旺得很啊！

元宵节吃元宵的传统民俗，在我国已经有很悠久的历史了，民间传说很多。其中有一个有趣的故事，说是两千多年前的楚昭王复国途中经过长江，见有物浮于江面，命人打捞上来，此物色白而微黄，内有红如胭脂的瓤儿，吃一口，味道甜美，众人皆不知此为何物，派人去问孔子，子曰："此浮萍果也，得之主复兴之兆。"因为这天正是正月十五，所以将此物取名"元宵"。以后每逢这天，楚昭王就命人用糯米面仿制此果，并用山楂做成馅儿，煮熟与群臣共享。当然这只是传说，能流传开来，最重要的原因是元宵的形、色、味都与人们企盼团圆、祈求生活美满的情愫吻合。

正月十五鬧元宵紅燈高懸隨風飄擎起長龍舞盤旋鑼鼓齊鳴樂逍遙

題耍龍燈 何□□

耍龙灯

正月十五闹元宵，红灯高悬随风飘。
擎起长龙舞盘旋，锣鼓齐鸣乐逍遥。

正月十五元宵节，自古以来就是以热烈喜庆的方式庆祝的，这已成为民间习俗，所以也就有了"闹"元宵的说法。辛弃疾在《青玉案·元夕》中描写当夜的灯火之盛，有如千树万树鲜花盛开一样，满天的焰火像流星雨一般闪亮坠落。一整夜的时光，人们都在舞动着龙灯上下翻滚，在月光辉映中边舞边行，锣鼓喧天，这是多么热闹的场景，是距今有八百多年的南宋时期庆祝元宵节的真实写照。

而辛弃疾词中说的"鱼龙舞"，说的就是舞鱼灯和龙灯。我小时候，父亲在元宵节前就会买回来金鱼灯笼，因为"鱼"与"余"同音，所以用金鱼红灯来祈盼新的一年有个好年景，生活富裕，这灯笼也寄托了人们朴素的祝福。我们都盼着天快黑下来，把鱼灯中的蜡烛点着，顿时红光四射，几个孩子，每人提着一个红灯笼满院子跑着玩儿，别提多高兴了，过节的气氛一下子就浓烈起来。在家里玩儿的是鱼灯，那龙灯可就不是小孩子玩儿的了。龙灯有将近二十米长，由龙头、龙身、龙尾三段串起来，一般是用竹木做成骨架，呈圆形，龙身由多节组成，节节相连，外面罩上画有鱼鳞的巨幅红布，每隔五六尺有一人撑竿儿。在龙头前面有一个人领头，他举的竿顶上竖着一个巨型球，叫"绣球"，作为全队引导。舞起来之后，巨球前后左右上下摇摆，龙头就追着球，做出抢吃的状态，后面的龙身跟着前面的龙头，也是上下左右，边游走边翻转飞动，十分炫目。龙头十分巨大，造型夸张，巨口中含一金球，圆眼怒视，龙须、龙角向外四射。用竹竿耍龙头的人需要有把子力气，并且还得有舞蹈基础才能胜任，表演的内容有"二龙戏珠""双龙出水""蟠龙闹海"等。

龙乃是中国"四灵"（龙、凤、麒麟、龟）之首，中国人对龙是怀有敬畏之心的。龙是中华民族的"图腾"，是华夏民族的象征。在中国人心目中，龙是祥瑞的灵物，是和风化雨的主宰，逢有重大节日、重要庆典，必有舞龙助兴，这也包含着老百姓祈愿风调雨顺、国泰民安的愿望。所以，每到正月十五元宵节的时候，龙就成了不可或缺的主角。晚上七八点吃过元宵，我就带着自己的鱼灯，和小伙伴们一起到离家不远的西四牌楼路口看舞龙灯的巡游表演。随着锣鼓敲击出的节奏，伴着唢呐吹出的嘹亮乐曲，几条巨龙上下翻飞，满街沸腾，真可用一个"闹"字来概括这节日的场景了。老北京春节的最后一个高潮，达到了全民欢庆的极点。

这两年，春节、元宵节遇上了疫情，一切集会庆祝活动都停止了，这可能是历史上最为安静的春节了。"此情可待成追忆，往昔有如梦幻间"，千年的民风民俗虽然有一时的暂停，但是也必将有更兴盛的未来。

月圆之夜人欢娱佳人身繫布毛驢
手提旱船
隨波逆期
盼今春行大吉
題元夕花會
何之鄴

元夕花会

月圆之夜人欢娱，佳人身系布毛驴。
手提旱船随波荡，期盼今春行大吉。

元宵节是一年中第一个月圆之夜，也是春节的尾声，所以民间的活动特别热烈。唐朝张祜有诗句形容这天，"千门开锁万灯明，正月中旬动帝京"。丰富多彩的活动项目，如赏花灯、猜灯谜、放烟火、吃元宵等，在全国各地都有。但在北京，粗犷的北方性格更有了不同于南方的狂欢，例如耍龙灯、舞狮子、扭秧歌、打太平鼓、划旱船、跑驴等，统称为"花会"。正月十五这天夜晚，民间自发组织的花会都会在街区路口巡游表演。

花会中的跑驴是中国传统的民间舞蹈，相传已经有二百多年的历史，大多是和扭秧歌、踩高跷、跑旱船等项目组合在一起表演。跑驴需要有驴形的道具，主要是由驴头、驴身和驴尾组成，用竹子扎成骨架，外面糊上纸或布，前面昂起的头画上驴的面目，在驴背上留一个可套在人腰部的方形洞口，下面再用红布蓝布围起来。表演多由年轻妇女装扮成农村小媳妇儿，把驴形道具系在腰间，前面是驴头，后头是驴尾，上身做出骑驴模样儿，前后左右扭腰摆动，腿在下面的围布内抖动，迈着小碎步模仿驴颠跑的样子，不时做出颠、跳、踢、惊的滑稽动作，再加上脸上的夸张妆容和表情，常引得围观的人哄堂大笑。她身边还有一个男人扮演丈夫，手持鞭子做赶驴状，这样就有了故事：这是一对农村夫妇，正月回娘家的路上遇到了一些小麻烦，如过沟、爬坡、驴惊了等，夫妻有说有唱，诙谐幽默。表演的同时还有鼓、钹、唢呐等乐器伴奏，欢乐的街头更添喜庆。

在花会中同时演出的还有划旱船的民间歌舞，它也叫"跑旱船"，大多流行于北方农村，是一种模拟水中行船的舞蹈动作。它的道具——旱船是依照船的外形制成的木架子，木架子的周围用棉布围起来，并且在上面用海蓝色画上海水江崖的传统纹样，意在表现船在水中漂浮的样子。在旱船的上面留一个方形口儿，船头和船尾用彩色布罩住，再用四根木棍支起一个船篷，周围缀上彩色的花穗子。表演跑旱船的多是妇女，打扮得花枝招展的，站在船上留的方形口儿里，肩上搭一布带子把自己和船系在一起，双手提着船帮。船外由一男子扮成艄公的样子，手持船桨，做出起伏波动的步态，随船而行。船中的女子与艄公默契配合，模仿行船中水波上下起伏，时不时好像遇上漩涡，剧烈颠簸，女子做惊叫不已的状态。他们有趣的形态和舞姿博得观众鼓掌喝彩，引得大街上的人流也簇拥跟随着。金朝诗人元好问形容这阵势："袨服华妆着处逢，六街灯火闹儿童。长衫我亦何为者，也在游人笑语中。"在我小的时候，北京人口还少，车也少，所以花会得以在市内大街上流动表演，现在只能在京郊偶见了。

泥塑一尊火判官善男信女争相睹七窍熊熊喷烈焰上元灯节映婵娟 赴城隍庙观判图 辛丑初六何之舞

烧火判儿

泥塑一尊火判官,善男信女争相看。
七窍熊熊喷烈焰,上元灯节映婵娟。

元宵节除了大家熟知的看花灯、猜灯谜、舞狮子、踩高跷等大型娱乐活动外,还有一项很奇特的活动,就是"烧火判儿",这是正月十五在城隍庙中举办的活动,"火判儿"就是火判官。

城隍庙在北京有多处,但举办这项活动的,只有地安门外的西侧,就是现在的平安大街路北高坡儿上的这个城隍庙,这可能和需要的场地有关系。

要说这城隍庙,来头可大了,"城"是指城墙,"隍"是指城墙外挖的壕沟,放入水就是护城河。所以这庙中供奉的城隍爷就是主管保卫城市、护佑生灵的神仙。到了明朝,朱元璋大力推崇,命全国各府、州、县都要建城隍庙,以此求得神佑一方平安,保大明江山稳固。后来城隍爷管的事儿越来越多,百姓遇到祈求好收成、惩恶扬善等大小事,都要到城隍庙中烧香拜神,求城隍爷帮助。遇到一些难解的大案要案,也要到城隍庙中去审判。这对当事人和判官都会产生精神上的震慑,希望在城隍爷面前说真话,秉公办案。这也是正月十五烧火判儿的由来。

到我小时候,这已是灯节的娱乐之一了。因为我家住在西黄城根,离城隍庙近,十五晚上吃过元宵,就等着大人领着去看这最吸引眼球的活动。

城隍庙很大,进入庙门有正殿和东西配殿,正殿的城隍爷坐像峨冠博带,威风凛凛。供桌上陈列着香炉、蜡签儿,红烛晃动,香烟袅袅,大殿内自然就有种庄重神秘的气氛。在五天的庙会期间,这里不像护国寺、白塔寺庙会那样白天热闹,它只有晚上才开。殿外的大空场上也卖各种小吃、玩具、香烛等,但最热闹的事儿,就是晚上烧火判儿。

在院子当中,早有砌炉灶的师傅用砖石和黄土泥砌成一个像判官的巨大人形,他头戴官帽,两边还有帽翅,头部的五官都是一个个圆窟窿,袒胸露乳,双乳和肚脐眼儿也做成圆洞形,左手拿着一个泥制的长条小牌子,上面写着:"你可来了,正要拿你。"泥判官有近一丈高,里面是空心的大炉膛,一次可填煤二百多斤。炉膛开口在泥塑后背上,有一米多高,这就是一个高大的炉灶。天将黑开始生火,到了晚上,火越烧越旺,判官的头上和身上留的孔洞就成了拔火的烟囱。随着大火苗的腾起,他全身的孔洞火焰齐喷,有一尺多长,随着煤炭的燃烧,火焰的颜色也由蓝变紫变红。面对这个喷火的庞然大物,围观的人被热浪烤得难耐,在这威力四射的判官面前,人人都会产生敬畏之心。

连烧五个晚上得用上千斤煤,都由京城煤铺掌柜争相义捐,盼望此举可换神仙保佑一年平安发财。这判官是谁的化身呢?认为是钟馗的居多。有诗云:"四海升平祝舜尧,神州大地遍笙箫。待到上元微醉后,钟馗飞火闹元宵。"

不过,这项城隍庙烧火判儿的习俗已经消失七十多年了,如今只能从老人的口中当传说听了。

正月三十
雒和宮
萬人空巷
鼓樂聲
驅魔散祟
除不祥
投擲鬼魅
到火中

起雒和宮打鬼
何之韋

雍和宫打鬼

正月三十雍和宫,万人空巷鼓乐声。
驱魔散祟除不祥,投掷鬼魅烈火中。

在老北京,每逢正月底,"雍和宫打鬼"就成了人们的热门话题。亲戚朋友们一见面,免不了问问:"去雍和宫看打鬼了吗?"这已经成为春节期间的民俗活动中一项重要的内容了。

小时候我家里的长辈们每年都会去看雍和宫打鬼,回来后还要兴高采烈地谈论打鬼时的趣事,所以在我的记忆中,雍和宫是和打鬼联系在一起的。长大后通过读书,才知道所谓"雍和宫打鬼",是京城百姓的俗称,它的真实全称是"金刚驱魔神舞",是在西藏土风舞基础上发展而来的一种藏传佛教仪式。《燕京岁时记》记载:"打鬼本西域佛法,并非怪异,即古者九门观傩之遗风,亦所以禳除不祥也。每至打鬼,各喇嘛僧等扮演诸天神将,以驱逐邪魔。都人观者甚众,有万家空巷之风。"

我上小学时,大约是1952年,父亲曾带我看过一次雍和宫打鬼。还不到雍和宫的牌楼,路上就非常热闹了。各种小商贩在街道两旁云集,卖糖葫芦、风车等各种京味小吃、玩具的摊贩,一个挨着一个,和厂甸庙会差不多,叫卖声此起彼伏。走进雍和宫大门,已是摩肩接踵、人头攒动,其中还有不少外国人,据说每天都有一万多人来看打鬼。

会场就设在雍和宫的正院当中,在台阶上搭有红栏杆看台,上面摆放着金漆桌椅。打鬼仪式开场了,众高僧依序入座,两侧有乐队持各种法器和乐器侍立。舞台的前方放着一个用大红纸和高粱秸糊的三脚架,此架叫"巴凌"。伴随着铿锵有力的鼓乐声,身着金色盔甲的四大天王出场,分别站在舞台的四个角上,这时布袋僧和六名小孩到台前坐好,形成了六子戏弥勒的造型,烘托出喜庆祥和的气氛。"打鬼"的动作有严格的要求,据《金刚驱魔神舞缘起》一文中记载:"上身犹如狮子,腰部如盘绕,关节像幻轮,肌肉当放松,血脉似沸腾,举止应尊严,作舞亦缓慢,膝盖要弯曲,骨骼现安乐,皆勇显威猛。"

身着白衣、头戴骷髅面具的鬼魅出场了,手舞足蹈,动作夸张怪异,表现恶鬼的邪祟心态。接着身着五彩服饰、头戴各种兽类面具的诸天神、天将上场,迈着稳重有力的步伐,伴随着鼓、钹、号等乐器的节拍,跳着疾徐有序的舞步,象征驱逐恶鬼之意。舞蹈的结尾,主持带领众僧诵经,随后将台前原先准备好的"巴凌"抬起来,猛地投到点燃的熊熊烈火中烧为灰烬,象征着恶魔被彻底歼灭,从此天下太平。

"打鬼"中的人物所用的面具是这一活动最惹人喜爱的,它们色彩绚丽,对比强烈而又分外和谐,造型多样而形象夸张,象征着人间的美好与丑恶,使假、恶、丑和真、善、美得到直观形象的表达,从中可以看到藏族人民的审美心理、丰富的想象力以及卓越的创造力,可以说每个面具都包含着震撼人心的精神力量。

雍和宫打鬼的活动中断了几十年,改革开放后,大约在1987年以后又得以恢复。如今对京城百姓来说,看"打鬼"和"逛庙会"一样,是春节的一项民间习俗。

淘气孩子唱童谣剃师傅技术高不用剪子不用刀一根一根往下薅

龙抬头

淘气孩子唱童谣，剃头师傅技术高。不用剪子不用刀，一根一根往下薅。

二月初二称为"龙头节"，民间会举办各种与龙相关的民俗活动，来祈求丰收和平安，这已成为一种习俗了。

龙是中国古代神话传说中的动物，代表着神圣、吉祥，它在百姓的心目中，就是驱邪、避灾、祈福的化身。

龙是二十八星宿中的东方苍龙七宿星象，分别称为"角、亢、氐、房、心、尾、箕"，七星组成一个完整的龙形星象，其中角宿代表龙角，亢宿代表龙喉，氐宿代表龙爪，房宿代表龙腹，心宿代表龙的心脏，尾宿、箕宿代表龙尾。在冬季，这苍龙七星都隐藏在地平线下，黄昏以后也看不到它们，惊蛰至春分期间，黄昏来临时，角宿星就从东方地平线上升起来，这时其他星宿还在地平线以下，只是角宿星初露，它又代表的是龙角，故称为龙抬头。

很多动物，像蛇、蚯蚓、青蛙等，一到冬天便进入冬眠状态，不吃、不喝、不动，俗称"入蛰"了。等到了二月二前后，阳气上升，冬眠的动物好似被春天的阳光和春雷惊醒了一般，因此这个节令叫"惊蛰"。农历二月二正值惊蛰前后。

其实蛇和蚯蚓就是龙的雏形，龙是人们想象出来的神物，成为华夏民族的图腾。在生产力低下的农耕社会，人们在春回大地、祈求当年有个好收成的时候，就怕有病虫害，传说龙能镇压住一切有害的毒虫，能保百姓有个丰收之年，所以在民国时期流传着这样的谚语："二月二，龙抬头，蝎子蜈蚣不露头"，"二月二，敲瓢碴，十窝老鼠九个瞎"。

二月二有很多讲究。例如"二月二龙抬头，龙不抬头我抬头"，这是期望学生们学业有成。过去私塾先生多在这一天收学生，称"占鳌头"，学业出色的学生被称为"独占鳌头"。

"二月二，接宝贝儿，接不来，掉眼泪儿"，这还是一个媳妇回娘家的日子，媳妇正月里得在婆家住，出正月才允许回娘家。

二月二要吃"龙鳞"，其实就是吃春饼。圆圆的薄薄的春饼，很像龙身上的鳞片。将瘦肉丝与菠菜、豆芽菜、粉丝、蒜黄等炒成"合菜"，吃的时候在薄饼上抹上甜面酱，配上大葱，夹上合菜，卷成筒状，双手托着，慢慢品尝。

二月二要剃龙头，因为人们忌讳在正月里理发，民谚说"正月不剃头，剃头死舅舅"，所以人们为了避讳，一个月都不理发。到二月二开禁了，男性从老到小，都要上街找剃头挑子，剃头、刮胡子、修面、掏耳朵。俗话说"剃头、刮脸，倒霉不显"，意思是修整利落后，人会看着格外精神，以焕然一新的面貌迎接春天。男孩子们还就剃头这事儿调侃满大街忙碌的理发匠，编唱儿歌"剃头师傅技术高，不用剪子不用刀，一根一根往下薅，薅得脑袋起大包，青包绿包大紫包"。剃头师傅已经闲了一个来月了，没顾客就挣不到钱，就等二月二开始干活呢。这天理发排大队，师傅从早忙到晚，连吃口饭都得麻利点儿，多干活挣点儿钱，谁让闲了一个多月呢？

二月二是春节的最后一个节点，为全民热热闹闹的狂欢画上了休止符。漫长冬天的农闲也过去了，万物复苏，对新一年美好生活的期盼和辛勤劳作，又开始了。

书画最美的春节 代后记

至今记得第一次见到何大齐先生的情景。

2018年11月18日，户外寒风凛冽，外研社书店里却暖意融融——活字文化正在这里为何大齐先生所编著的《给孩子的汉字历》举办迎春新书发布活动。我那天到晚了，书店里已经挤满了人，我只能站在后排，远远望见何老先生端坐着书写"福"字，从甲骨文、金文到楷体，他一边气定神闲地挥毫，一边娓娓道来汉字的源流。他精神矍铄，声音洪亮。黄发垂髫、莘莘学子，无不伸长脖子、瞪大眼睛、竖起耳朵听讲。整场活动持续了一个半小时，没有人中途离场。我当时就萌生了一个念头，一定要邀请老先生为《北京晚报》撰写一个传统文化的专栏。

新书发布会后，很多读者围着老先生，他非常耐心地跟读者交流书法和传统文化。待到众人散去，我才上前自我介绍，特邀老先生为《北京晚报》读书版开辟一个文字和图画相结合的专栏。何老先生非常爽快地答应了，一个月之后交来了第一篇。遂刊发在2018年12月21日的《北京晚报》书乡版。从那天起，何老先生每周为《北京晚报》画一幅画、写一篇文章，从未间断，甚至在春节期间会一口气创作一周的文图。

何老先生之前就出版过《老北京民俗风情画》《燕京往事》《〈民国北京城〉烟袋斜街旧影图卷》等多部关于北京传统文化的著作，深受读者喜爱，这次文图结合的老北京专栏更是受到了读者的热切关注。有的老读者给我们写信，模仿何老先生的创作，也画下来自己的童年。还有的读者打来电话感激何老先生如此栩栩如生地描绘出了记忆中的北京。

何老先生的专栏也受到了出版界的关注，现在这本《北京的春节》既脱胎于《北京晚报》的"老北京风情"专栏，同时补充了不少未曾刊发过的文图，并重新进行了编辑、设计，由此诞生了一个全新的作品。这本书设计由何大齐之子、设计家何浩操刀，书名题签则由何大齐之孙、13岁的何墨尘执笔，可谓三代人合力传递温馨与爱的作品。

何老先生的文图不是单纯的民俗风情画，而是难得的个人口述史。八旬高龄以文图并茂的方式追忆市井民情，即使不是绝无仅有，也可谓世之稀有。何老先生的所有的图画都是真实的再现，耄耋之年回首少年，不只是记录了个人的成长，更是为中国古老文化传统留下了一份温情的记忆。《北京的春节》将春节的民俗文化描绘得淋漓尽致，不仅有风俗由来的考证，还有自己的亲历细节，更有结合时代变迁的思考。内容和情感都具有丰富的层次，耐人寻味。细细品味这些图画和文字，可以体会到苦难中的爱与坚持、颠簸中的传承。何老先生为人理性、节制而且极有修养，在客观描写苦涩岁月的时候，依然有一份经过时间沉淀的雍容与淡然。

《北京的春节》2021年初第一版出版以来，受到了媒体的高度评价，登上了《中华读书报》《北京青年报》《北京晚报》《澎湃·私家地理》等多家媒体的好书榜。这部作品"以老北京（北方地区）的春节习俗串起一个个被现代生活节奏所忽略的种种生活细节与情意。作者在书中把从腊月初八到二月二的日子一一还原。既有浓浓的年味，亦有沉沉的古意和乡愁"。

这本书不光大人喜欢，孩子也很喜欢。《中华读书报》的资深编辑丁扬特意告诉我说，他的女儿全靠这本书，才完成了寒假作业——画一张小报，介绍北京的春节。丁编辑供职的《中华读书报》如是推荐："《北京的春节》一书由何大齐携子孙共同完成，聚焦老北京的春节习俗，做花灯、吃糖瓜、抖空竹、放花炮、撒灯花、摇元宵……书香世家一门三代集体创作，这份饱含沉沉古意与乡愁的春节小礼值得永久珍藏。"

何老先生画的是北方的春节，抒发的情意超出地域，即便是存在诸多风俗差异的南方，看到何大齐先生《北京的春节》，很多人心中也会被激发出柔软的情意。

犹记当年事，江春入旧年。何老先生借助艺术的笔触，将童年中最美的春节纸上留痕，也让读者闻到那些味道、听到那些声音。本书付梓之际传来好消息，老先生在《北京晚报》开设的"老北京风情"专栏荣获"2020年度全国报纸副刊最佳专栏"奖。我在报奖时写了一段评语，也适用于对本书的评价："作者年岁之高，绘画之精细，文字之细腻，简朴而典雅，朴实而真挚，笔墨留香，难以复刻。"

美好的记忆，永远不能忘怀。没有岁月可回首，唯有笔墨留香久。愿这本书带读者重返生命中最美好的季节。

《北京晚报》高级编辑、作家　李峥嵘

2021 年 8 月

何大齐

一九四〇年生于北京，一九六四年毕业于北京师范学院中文系，北京市特级教师，在绘画、书法、民俗学、文字学等领域各有建树。近年出版的书籍包括《老北京民俗风情画》《燕京往事》《骆驼祥子》何大齐插图·注释本》《茶馆》何大齐插图本》《民国北京城》《烟袋斜街旧影图卷》《万有汉字》等。曾获第四届胡楚南优秀教学成果奖、第五届中华优秀传统文化教育卓越贡献人物奖，在《北京晚报》所设专栏「老北京风情」获二〇二〇年度全国报纸副刊最佳专栏奖。